LUMIÈRE DES OISEAUX

Récits

L'Œil américain, Histoires naturelles du Nouveau Monde, Illustrations de Pierre Lussier, préface de Jean-Jacques Brochier, Boréal/Seuil, 1989.

Poésie

Poèmes de la froide merveille de vivre, éditions de l'Arc, 1967. Épuisé.

Poèmes de la vie déliée, éditions de l'Arc, 1970. Épuisé.

Lieu de naissance, l'Hexagone, 1973. Épuisé.

Torrentiel, l'Hexagone, 1978. Épuisé.

Effets personnels, l'Hexagone, 1986. Prix Alain-Grandbois.

Quand nous serons (poèmes 1967-1978), l'Hexagone, 1988. Prix Québec-Paris. Grand prix de poésie de la Fondation des Forges.

Lueur sur la montagne, l'Arbre à paroles, Belgique, 1991. Épuisé.

Théâtre

Marlot dans les merveilles, pièce pour les enfants, Leméac, 1975.

Tournebire et le malin Frigo suivi de *Les Écoles de Bon Bazou,* pièces pour les enfants, Leméac, 1978.

Charbonneau et le Chef, adaptation avec Paul Hébert du texte anglais de J.T. McDonough, Leméac, 1974.

Les Passeuses, Leméac, 1976.

Disque et cassette

Une journée chez les oiseaux, Société Zoologique de Québec, 1981.

Pierre Morency

LUMIÈRE DES OISEAUX

Histoires naturelles du Nouveau Monde

Préface d'Yves Berger
Illustrations de Pierre Lussier

Boréal/Seuil

Cet ouvrage a été publié avec l'appui du Programme
de subvention globale du Conseil des Arts du Canada.

Maquette de couverture : Gianni Caccia
Illustration de la couverture : Pierre Lussier
Photo des pages de garde : Luc-Antoine Couturier

© Les Éditions du Boréal
Dépôt légal : 2ᵉ trimestre 1992
Bibliothèque nationale du Québec

Diffusion au Canada : Dimedia
Diffusion en Europe : Les Éditions du Seuil

Données de catalogage avant publication (Canada)

Morency, Pierre, 1942-
Lumière des oiseaux : histoires naturelles du Nouveau Monde
Comprend des références bibliographiques et un index.
ISBN 2-89052-460-4

1. Oiseaux – Observation – Québec (Province). 2. Paysage –
Québec (Province). 3. Sciences naturelles – Québec (Province).
I. Titre.

QL685.5.Q8M67 1992598.29714   C92-096462-1

*L'ermitage du lettré, perdu dans la végétation,
est une petite affirmation de la conscience.*

ANDRÉ RICARD

Je m'envole autre — c'est tout.

FERNANDO PESSOA

À celles, à ceux qui m'ont accompagné chez les oiseaux, qui m'ont renseigné, je dis : salut ! Et merci.

Et à Renée.

PRÉFACE

Voici deux ans, plongé dans L'Œil américain, *je me disais à propos de son auteur, Pierre Morency, que je* découvrais : est-ce *un homme, de l'espèce auteur, ou un oiseau ? Le doute m'a longtemps habité, où me renvoie* Lumière des oiseaux, *son deuxième livre et livre-frère (ou sœur) du précédent.*

Il faut dire que vers cette grave question Pierre Morency lui-même incline qui, une fois, se décrit héron (« Portrait de l'auteur en héron ») et s'interroge : « Est-ce bien d'un oiseau qu'il s'agit ? » et, après avoir de l'homme ou de l'oiseau rapporté la fascinante lenteur, observe et conclut : « Puis, le moment venu, d'une détente fulgurante du corps, il fond sur le premier mot chargé de vie », propos qui entretient le doute, la confusion belle... Alors, un homme ou un oiseau ? Un tel amour du volatile n'est pas sans conséquences. Vous venez de lire, par exemple : « Quand le ciel s'allume, l'ample concert naturel se répand tout autour de la maison. C'est le rire du Pic flamboyant, les turbulences aiguës du Moucherolle huppé, les notes vives de la Paruline masquée, la phrase de cristal du Grosbec à poitrine rose. Puis c'est un Pic chevelu qui vient tambouriner sur le poteau de téléphone ; c'est la Paruline flamboyante qui virevolte dans le grand frêne en perçant l'air de son chant aiguisé ; c'est le Bruant à gorge blanche qui polissonne avec le " Petit Frédéric ! " » *et si, jusque-là vous avez hésité, ici vous rendez alors les armes : le naturaliste que vous êtes devenu désigne en Pierre Morency un oiseau qu'il va nommer, par exemple (je le propose) le Jubilant du Nouveau Monde et son cri, le rire joyeux.*

Un cri qui s'ébauche et retentit tout au long de ce livre, où ne cesse de jubiler le Jubilant.

Lumière des oiseaux est un beau titre mais j'en ai trouvé un autre : Le Livre des merveilles..., *que personne n'a osé prendre depuis Marco Polo.*

Voici longtemps qu'on attendait l'héritier d'Audubon, depuis plus longtemps encore, bien sûr, celui de Buffon. On n'attendra plus. Pierre Morency est celui-là. Il va plus loin qu'eux dans la mesure où il ne cesse d'accomplir la métamorphose de lui-même et du monde en oiseau(x). Par exemple, à sa fille : « ... Les livres sont des oiseaux, ma *chérie. Quand ils sont bons, ils nous prennent et nous font voler dans notre tête. » Ou bien : « Assis sur cette marche, il m'est déjà arrivé de faire une expérience capitale : regarder mon propre regard en train de s'envoler. » Une autre fois : « Toujours est-il que, sans trop m'en rendre compte, je volais. » Enfin : « Jouir du Grand Héron suppose qu'on devienne soi-même Grand Héron ou mieux : touffe de roseaux, branche immobile, reflet des présences minérales. » Il est, sans jamais s'écarter de la lumière du monde, proche de l'hallucination comme Buffon et Audubon ne le furent jamais.*

Il sait tout, Pierre Morency, de son sujet. Jusqu'à des choses effrayantes, que les Français mesurent mal : par exemple, un Anglais a introduit les moineaux au Québec ! En 1868. De surcroît, et jusqu'à cette date, les Canadiens français (et non pas encore les Québécois) vivaient sans moineaux...

Le viréo ? Langue des viréos, petits oiseaux « à l'aise dans les hauteurs vertes. » Pierre Morency parle le viréo. Il n'ignore rien des Mimidés, vous savez, c'est-à-dire vous ne savez pas le moqueur chat, le moqueur roux, le moqueur polyglotte (celui qui parle environ quatre cents langues). Pierre Morency est aussi celui qui, non content de savoir les oiseaux comme personne, connaît des hommes qui connaissent des oiseaux. Des hommes qui sortent de l'ordinaire, bien sûr. Par exemple, celui-là qui pouvait « avec sa langue, ses lèvres, sa gorge, ses mains, reproduire le cacardage des oies, le hululement des chouettes et des hiboux, le roucoulement des tourterelles, la musique des pinsons et même le ramage si compliqué du Roitelet à couronne rubis ». Ce fou d'oiseaux de Morency attire forcément des fous d'oiseaux. Ils sont inoubliables dans ces pages qui racontent la vie des oiseaux, tous les jours dans la succession des saisons et composent, de surcroît, un grand hymne au Québec.

Découpé en récits dont l'oiseau omniprésent assure l'unité, Lumière des oiseaux *offre des pages qu'on voudrait garder non seulement dans sa tête (où on les garde en mémoire...) mais aussi — ah que cette tentation est belle ! — contre son cœur : ce portrait du Harfang des neiges, cette évocation de notre Saint-Evremont, auquel le roi des Anglais donna le titre (et la fonction) de Gouverneur des canards. Dans ce livre d'une science prodigieuse, que l'auteur tire de ses expériences de terrain et de ses lectures, peu de scènes cruelles à la Audubon : je n'en ai relevé qu'une, à propos du Grand Chevalier.* Lumière des oiseaux *est un chant. Un livre de nostalgies, aussi : lisez, avec le reste, le passage sur la Bobolink Highway. Soit que vous deveniez Bobolink, soit que vous fondiez (de bonheur...). Peut-être les deux.*

Reste à dire l'écrivain. Quand le lecteur découvre « ... la toundra et ses plaines tremblées de lumière neuve », un goglu qui « *bouillonne de musique* », ces macreuses dont « *on dirait une île obscure qui par moments se soulève* », « *ces glaces du fleuve qui geignent, crissent, cliquettent, s'étirent...* » et ce mois d'août qui « *amoncelle les sarcelles, fait chanter le chardonneret, excite le grillon et la sauterelle, déploie la libellule et la verge d'or, mûrit les pommes et les mûres, enflamme le cormier, installe dans les herbes des couleurs passées, débourre les asclépiades, clarifie la Voie lactée, précise l'horizon, énerve l'écureuil, accueille l'épervier et le busard, multiplie les chauves-souris, regroupe les hirondelles...* », ce lecteur est heureux. L'évidence d'un grand écrivain, là, sous les yeux. Peu d'adjectifs, beaucoup de substantifs et de verbes : comme on sait, les verbes font les phrases nerveuses. J'allais dire, par contamination, ailées. Je le dis.

Le vocabulaire de Pierre Morency est si précis qu'il fait votre oreille de lecteur aussi fine qu'il a l'œil aigu. Buffon... Audubon... Morency : le trio royal, le triplé des oiseaux.

Yves Berger

CHEZ LES OISEAUX

Vous êtes toujours
à l'horizon de quelqu'un.
A. Hardellet

Est-ce un effet des montagnes toutes proches et des pylônes qui avancent en caravane sur leurs sommets ? Est-ce dû à la présence des oiseaux de large envergure qui progressent en tournoyant sous le sillage floconneux des Boeings ? Ou tout simplement est-ce à cause des grands frênes qui déploient leurs feuillages loin au-dessus de mon toit ? Toujours est-il que j'éprouve à certains moments non seulement le désir d'un air plus tonique, mais le sentiment réel d'une escalade. Je me vois, au terme d'une ascension longue et facile, parvenu au sommet d'une tour en bois qu'une fortune soudaine m'aurait permis d'édifier chez moi, au bord du fleuve, et qui me permettrait de voir d'un seul regard et le seuil de ma porte et ce qui appelle derrière la ligne de l'horizon.

Vers le nord, en face, derrière les Laurentides, je glisserais pendant des heures sur la forêt constellée de lacs, j'atteindrais le moutonnement toujours vert de la taïga qui me conduirait jusqu'à la toundra et ses plaines tremblantes de lumière neuve. En suivant la succession des caps vers l'est, j'atteindrais vite l'épanouissement total de l'estuaire, l'ouverture sur le golfe, sur le sable et sur le monde atlantique.

À l'opposé, je découvrirais l'île dans son entier, son grand corps en forme d'amande, couché dans le sens du courant et, plus loin, Québec et, plus loin encore peut-être, le profil de Montréal. À l'aide d'un vrai télescope, il me serait sans doute possible d'apercevoir, au sommet d'autres tours — tours de pierres, tours à balcons, ou tours en bois comme la mienne — , des personnes qui, elles aussi, forceraient leurs yeux à deviner ce qui nous aimante là où l'horizon bascule. Cet horizon qui les attire tant, n'est-il pas justement, pour certains, le lieu où je me trouve et où je m'applique à faire signe ?

Parmi les milliards de lieux de cette planète, il en est un que je commence à connaître un peu mieux que les autres.

Ce lieu, riverain du Saint-Laurent, où voici déjà longtemps j'ai aménagé une retraite légère, maisonnette de bois posée sur pilotis, j'aurais pu le nommer *Les Rigolets* à cause des fins ruisseaux qui traversent la grande batture recouverte deux fois par jour par la marée. Le mot rigolet, quand je l'ai entendu chez mes voisins insulaires, m'a tout de suite retenu par ses sonorités en cascade et par le rappel des râles et des canards qui, l'été, cachés dans le scirpe et le foin de mer, ricanent. Mais je n'ai rien baptisé. Il me plaît assez que ce petit ermitage soit privé d'identification. De la sorte il n'est pas figé sur ses assises, il peut à tout instant se détacher, il vogue, je vogue avec lui, sans trop de liens avec la pesanteur, dans le peu de temps qui m'est donné pour effectuer mon passage sur la terre.

Il y a donc un marécage, étendue houlante de hauts foins piqués dans la glaise limoneuse. Il y a aussi, au bord, sur la rive, des arbres, des buissons, le pré de mon voisin, un autre chalet, des plantes, quelques bêtes sauvages et autant d'oiseaux qu'on en désire.

Si les avrils résonnent de l'incessante jacasserie des oies sauvages, de la plainte du Kildir, du clairon du merle, du remue-ménage des canards et des bécasseaux, si les mois de mai gazouillent avec les hirondelles, sifflent avec les bruants, vibrent du chant des parulines, les mois de juin, eux, étincellent, exultent, se chargent de tous les envoûtements.

L'aurore va venir. Depuis une demi-heure, le Pioui, dans l'érablière, en contre-haut, offre les trois phrases de son chant nocturne. En même temps, l'Hirondelle bicolore, posée sur le toit de son nichoir, déroule un

grésillement ininterrompu, inconnu des dormeurs. Quand le ciel s'allume, l'ample concert naturel se répand tout autour de la maison. C'est le rire du Pic flamboyant, les turbulences aiguës du Moucherolle huppé, les notes vives de la Paruline masquée, la phrase de cristal du Gros-bec à poitrine rose. Puis c'est un Pic chevelu qui vient tambouriner sur le poteau de téléphone ; c'est la Paruline flamboyante qui virevolte dans le grand frêne en perçant l'air de son chant aiguisé ; c'est le Bruant à gorge blanche qui polissonne avec le Petit Frédéric.

Un miaulement, un vol furtif au cœur des aubépines : sur la branche la plus basse du cèdre apparaît enfin le

Moqueur chat, qui s'embrouille dans son chant désordonné pendant qu'au pied de l'arbre, l'aiguille de son bec fouillant le cœur d'une ancolie, bourdonne le Colibri à gorge rubis.

Du haut des airs soudain une plainte bêlante s'épanouit. C'est le mâle de la Bécassine qui chevrote tandis qu'au sol, dans le scirpe de la batture, la femelle le convie.

Voici enfin le passage du Busard ondulant au-dessus des herbes. Un sifflet d'alerte retentit derrière les aulnes, et un commando de Carouges entourent l'oiseau de proie, le houspillent jusqu'à ce qu'il soit hors de vue. L'attaque n'a même pas fait bouger les deux hérons qui pêchent placidement là-bas aux limites de l'estran. Le Râle jaune, lui si farouche, tapi au fond du marécage, va recommencer à frapper l'un contre l'autre, on dirait, deux cailloux légers. C'est là sa manière insolite de chanter.

Je n'oublierai pas le « fiou » d'alarme et la musique chuintante de la Grive fauve sous les aulnes, le crescendo puissant de la Paruline couronnée, à fleur de terre parmi les érables, la fuite crépitante du Martin-pêcheur qui a vu là-haut, loin au-dessus de tout, la buse à l'œil efficace.

Pourquoi ai-je vécu, au bord de cette batture, tant d'heures de ravissement ? Qu'y a-t-il à l'origine de cet intérêt passionné qui fait que l'apparition furtive d'un seul oiseau m'égaye, qu'un simple chant m'apaise ? Me suis-je abusé sur ce que peut apporter la contemplation de ces

bêtes enveloppées de plumes que sont les oiseaux ?
Comme d'autres, épris de sciences naturelles, j'ai participé
à des expéditions, j'ai fouillé des terrains incommodes, j'ai
rempli des carnets de notes, cherchant sans doute à trouver
une clé, à découvrir un sens caché. Bien sûr je me suis
émerveillé de tant de perfection organique, j'ai admiré le
travail de la vie qui a ciselé pendant des millions d'années
des corps si divers, souverainement adaptés aux fonctions
du vol, de la recherche alimentaire et de la communication.
Et puis ?

À vrai dire je crois bien avoir découvert un secret.
C'est celui des présences qui, au hasard des moments,
nous saisissent, ensoleillant la route qui longe le fleuve, et
qui nous mène toujours plus avant vers cet horizon où
plongent, pour disparaître, navires et nuages.

PORTRAIT DE L'AUTEUR EN HÉRON

Voyez-le venir du fond de l'anse, volant presque au ras des hautes herbes, avec cette lenteur des familiers qui ont tout le temps devant eux. Il donne l'impression d'être un rentier un peu dégingandé, battant de grandes ailes bringuebalantes, le cou replié en S, portant à l'extrémité de lui-même une lance de bois verni. À l'évidence le Grand Héron sait où il va. Il a repéré depuis longtemps la mare où finalement il se pose en ramenant à la verticale les longues échasses qu'il traînait sous lui et qui lui servent, en vol, de gouvernail. Maintenant qu'il est debout, on voit tout de suite à qui l'on a affaire: à un archer patient, à un pêcheur placide, qui aime travailler seul. L'aigrette noire qui flotte sur sa nuque est l'empennage d'une flèche dont le bec est la pointe implacable. L'arc, c'est le cou allongé et mobile; c'est aussi tout le corps de ce grand oiseau au plumage bleuté.

Est-ce bien d'un oiseau qu'il s'agit ? À le voir si tendu, si concentré, on songe plutôt à quelque artiste devant sa page vierge. Il a tout vu de ce qui se cachait dans cette eau peu profonde. L'air de regarder ailleurs, l'air d'être dans les nuages et de prendre plaisir à sentir ses plumes dans le vent, il a deviné ce qui se tapit entre les lignes. Avec lenteur il relève la grande patte aux ongles jaunes, la replace devant lui sans rien brouiller, il fait un autre pas, s'arrête, bande le cou vers l'arrière, il dirige son poinçon vers le lieu exact de la cible. Il attend. Il est fait pour attendre. Son être tout entier — une maigreur de muscles sous une enveloppe de plumes lâches — est constitué pour cette formidable tension. Puis, le moment venu, d'une détente fulgurante du corps, il fond sur le premier mot chargé de vie.

L'HOMME
QUI REGARDE LA MER

Cet homme assis tout habillé sur le sable au bord de la mer et qui regarde fixement devant lui, le menton posé sur ses genoux, on pourrait croire qu'il vogue, mais il ne rêve pas. Il voit. Là où naissent les vagues, là où ne vont pas les dériveurs, il voit une terre avec de grands arbres ombrageant la grève. Derrière, il y a un champ de maïs où explosent des oiseaux noirs et, tout au bout, un bois très vert dont l'ouverture, comme un tunnel sous les feuillages, laisse apparaître l'amorce d'un chemin forestier bordé de fougères. À l'extrémité, il voit une maison rouge au toit noir, dont la porte-moustiquaire ouvragée rappelle vaguement l'entrée des villas coloniales. La maison semble déserte. Une large baie vitrée laisse voir à l'intérieur une bibliothèque en même temps qu'elle réfléchit le paysage. Cela crée un tableau magique où le dos des livres se mêle aux fruits nouveaux des pommiers, car c'est un vaste jardin gazonné, tout en long, planté d'arbres fruitiers, qui descend en pente vers le lac. Sur un ponton d'accostage qui s'avance à bonne distance dans l'eau claire, deux fillettes sont debout, immobiles. Elles ont la même taille, les mêmes cheveux blonds coupés à la nuque, les mêmes membres fins, mais leurs robes légères de coton-soleil sont de couleur différente. On pourrait croire qu'elles pêchent, mais elles surveillent les manœuvres d'un hydravion qui vient d'amerrir et qui s'est rendu sur flotteurs dans l'anse aux Huarts pour finir sa course et tourner.

Quand l'appareil s'approche du quai, les deux enfants trépignent, et par le hublot on voit la tête du pilote qui retire son casque d'écoute. Le geste dévoile la longue chevelure aux reflets châtains ; la femme lève aussitôt la glace pour envoyer des baisers avec la main.

C'est à ce moment-là que s'ouvre la porte de la maison rouge et qu'un homme apparaît sur la longue galerie couverte. Il porte bermudas et sandales. Ses demi-lunes de lecture pendent sur sa poitrine nue au bout d'un cordon noir. Il replace avec la main ses cheveux un peu longs qui grisonnent autour de ses oreilles. Dans l'autre main il tient un livre qu'il a refermé en se servant de son index comme de signet et qu'il pose finalement sur l'une des chaises de bois. D'un bon pas il descend jusqu'au lac où il s'empresse d'attacher l'avion à la bitte d'amarrage.

— Delphine ! Méliane ! Attention. Reculez-vous un peu, les enfants.

Il se redresse, esquisse de la main droite le salut militaire et dit à la femme :

— Vous pouvez débarquer, lieutenant.

Par le hublot, la femme crie :

— Pilote Viateur m'a laissée poser le Beaver toute seule. C'est excitant !

On voit derrière son épaule le visage souriant du pilote et ses éternelles lunettes noires. La portière s'ouvre, la femme pose le pied sur le flotteur et saute sur l'embarcadère. Les jumelles lui enserrent aussitôt la taille en gloussant. Celle qui se nomme Delphine a même enfoui sa tête sous la chemise de coton bleu dont les manches portent badges et galons. Ainsi enlacée, la femme s'avance vers l'homme, face au soleil qui lui plisse les yeux. Il l'embrasse.

— Bonjour, chérie. De la bibliothèque, j'ai vu l'avion toucher l'eau. Amerrissage réussi. Main de professionnelle.

— Piloter un avion est une telle griserie quand on le fait, comme ça, juste pour le plaisir.

— Tu devrais quand même penser à obtenir ton permis maintenant.

— Devine, Louis, dit brusquement la femme.

— Tu es en congé tout le reste de la semaine...

— Oui, mais j'ai une grande nouvelle.

— Tu quittes ton poste d'inspecteur des réserves et tu deviens pilote de brousse...

— Mieux que cela. J'ai eu le temps de passer par la ville. Tu ne devines pas ?

— Non...

— J'ai ton livre !

Elle serre contre son ventre les deux têtes blondes.

— Le livre de votre père est enfin paru, les filles. C'est un grand jour. Nous allons fêter ça. J'ai apporté tout ce qu'il faut.

Les fillettes se mettent à danser. Louis s'embrouille dans ses gestes, il met ses lunettes, les enlève, s'assoit un moment sur la rampe du quai, se redresse.

— Quoi ? Déjà ? Mais l'imprimeur devait fermer boutique durant tout le mois de juillet !

— Ils ont pu le terminer juste avant les vacances.

Louis s'approche de l'appareil pour aider Pilote Viateur à sortir les bagages. Ce dernier lui passe finalement un carton qui semble lourd.

— Et ils t'en ont donné une caisse toute pleine, Chantal, c'est chouette.

Méliane s'est approchée.

— Tu vas nous le lire, hein, papa ?

— Ce soir, je vous le promets.

— Non, tout de suite, tout de suite, s'il te plaît !

Chantal emmène les deux enfants à l'écart. Assises toutes les trois dans l'herbe, à l'ombre, elles parlent à voix basse, rient, s'embrassent pendant que Louis s'est installé dans l'un des fauteuils de bois rouge sur le ponton et qu'il ouvre le carton. Il en sort un livre de bon format qu'il caresse un moment en le retournant dans tous les sens et en le soupesant comme le prospecteur la pierre enfin trouvée. Puis, avec précaution, il tourne les premières pages en s'attardant aux illustrations. Il se retourne soudain et lance :

— Pour une fois, Chantal, ils semblent avoir fait du bon travail. Tu as vu ?

— Oui, j'ai vu. C'est soigné. Mais le bon travail, c'est toi qui l'as fait, non ?

Les jumelles se sont approchées et selon leur habitude se sont assises sur les accoudoirs du fauteuil. Louis a ouvert le livre. La tranche entière a coulé sur son pouce.

— Hé papa, quand tu ouvres ton livre, il bat des ailes comme un oiseau, dit Delphine.

— Ah oui ? Mais les livres sont des oiseaux, ma chérie. Quand ils sont bons, ils nous prennent et nous font voler dans notre tête.

— Est-ce qu'il chante, ton livre ?

— Non, il enchante, dit Chantal en regardant Louis.

— Merci. Hum... quel genre d'histoire voulez-vous, les enfants ? L'histoire d'un oiseau qui chante, d'un oiseau qui pêche, d'un oiseau qui vole... ?

— Moi, j'aime toutes les histoires, soupire Delphine.

— Je veux une histoire avec toi dedans, dit Méliane.

— Je vais vous raconter l'histoire d'un oiseau qui chante. Je l'ai écrite en m'inspirant d'une ancienne légende.

Chantal est venue prendre place sur le siège voisin, face au lac, et suit distraitement du regard le pilote qui effectue la vérification mécanique du Beaver. Louis a commencé à lire :

Il y avait une fois un homme assis au bord d'un lac. C'était le début de l'été ; les nuages, par-delà les montagnes, sur l'autre rive, montaient en châteaux de vapeur, dessinaient toutes les formes de l'imagination. L'homme pensait à son travail, à la difficulté de bien faire les choses, à la vie qui allait trop vite, quand il entendit derrière lui une musique. Un chant simple, cristallin, extraordinairement mélodieux coulait sur lui et le ravissait au-delà de toute expression. Il se retourna et aperçut au faîte d'un grand arbre un oiseau qu'il n'avait jamais vu en ce lieu. L'homme, sans brusquerie, se redressa, s'approcha de l'arbre, mais l'oiseau s'envola et alla se poser à la cime d'un sapin, plus loin, du côté de la forêt.

Il décida de le suivre. Il traversa des taillis profonds, longea des lisières, passa d'érablières en futaies de hêtres et, toujours devant lui, à bonne distance, l'oiseau, pendant un moment qui lui semblait à chaque fois trop bref, offrait un chant si limpide, si rare, que l'homme se sentait nourri d'une excitation sans cesse renouvelée. Il traversa ainsi des bois épais, vit des lacs inconnus, pénétra dans des lieux de plus en plus sauvages. Toujours l'oiseau chantait, mais en se dérobant, de sorte que l'homme ne pouvait saisir qu'une forme, un reflet, une couleur, plutôt qu'un être complet.

Puis le vent mourut et le soir vint. L'homme écoutait encore ce chant qui devenait avec la fin du jour plus enivrant, mais lui revint la pensée des siens qu'il n'avait pas prévenus de son départ et il décida de rentrer.

Il dut bien traverser trois forêts avant de retrouver le jardin de sa maison, pour voir que beaucoup de choses avaient changé. Certains pommiers avaient grossi, d'autres avaient disparu pour faire place à des arbres récents. La maison était d'une autre couleur, les fenêtres ne laissaient pas venir de l'intérieur la lumière connue. Il ouvrit la porte et vit sa femme assise dans un fauteuil. Elle se leva avec difficulté et vint à sa rencontre.

— Bonsoir. Je t'attendais, mon amour, dit-elle.

— Est-ce que la femme s'appelait Chantal, demanda Delphine.

— Laisse-le finir, intervint Méliane. Continue, papa.

— L'homme caressa les cheveux gris de sa femme, il promena son regard partout dans la maison.

— Qu'est-il arrivé ?

— Il y a tant d'années que tu es parti. Les enfants ont grandi, ont quitté la maison...

— Un oiseau chantait. Je l'ai suivi. Il y avait dans ce simple chant une clarté qui m'a envoûté, un début

d'immensité qui m'élargissait, comme si une porte allait s'ouvrir.

— Comme c'est étrange : on dirait que tu n'as pas vieilli. Viens t'asseoir et parle-moi de ton aventure. Voilà, les enfants, c'est fini.

— Déjà ? demanda Delphine. Mais ton livre est bien plus gros que cette histoire...

Louis feuilleta de nouveau quelques pages.

— Je vais vous raconter l'histoire d'un oiseau qui vole. Cela s'appelle : « L'Œil du désert ».

Il y a quelques années, j'accompagnais deux amis chercheurs d'oiseaux dans les déserts de la Californie. Au Josuah Tree National Monument nous nous amusions à débusquer les géocoucous derrière les rochers quand apparut très haut dans le ciel, au-dessus d'une colline de pierre nue, un grand oiseau brun qui tournoyait sur le vent. C'était un Aigle doré en chasse. Pendant plusieurs minutes nous l'avons accompagné dans nos longues-vues jusqu'à ce qu'il disparaisse derrière les collines. Nous avons poursuivi nos recherches pendant une heure et, pressés par je ne sais plus quoi, nous avons regagné notre véhicule et repris la route du campement. Au détour d'une colline, en regardant distraitement sur la gauche pendant que nous roulions, j'ai senti soudain mon cœur fondre ! À quelques mètres de nous, à la hauteur, disons, d'un autobus, l'aigle planait à bonne vitesse dans le sens de notre marche. Il était si proche que nous pouvions voir un scintillement d'onyx dans son œil.

— L'onyx, c'est une pierre précieuse de couleur brune, dit calmement Chantal à l'adresse des fillettes.

Combien de temps s'est-il offert à nos regards éblouis, je ne saurais le dire, mais chaque plume de son corps s'est imprimée dans ma mémoire. Une question circula entre nous trois : comment un oiseau d'un tel poids et d'une telle envergure peut-il évoluer avec tant de grâce dans les vents les plus vifs ? La réponse n'est pas dans l'explication. La réponse s'arrache à la pesanteur, elle plane et vire dans l'air, elle joue dans l'espace, elle grise le cerveau humain d'un rêve tenace de libération, elle nous donne un œil qui saisit le détail, un œil qui embrasse l'ensemble. Dans le désert, ce fut ce jour-là un moment élargi où la contemplation de quelques secondes répare, du passé et de l'avenir, les semaines vécues à ras du sol.

Voilà, c'est tout.

Louis tousse pour s'éclaircir la voix. Les filles, d'un même mouvement, exigent une autre histoire, mais Chantal s'est approchée du quai pour saluer le pilote et libérer l'hydravion dont les moteurs l'un après l'autre mugissent.

L'appareil flotte lentement vers la baie des Huarts où il va prendre son élan. Il décolle enfin et laisse une traînée de vaguelettes qui viennent clapoter sous les madriers du

ponton. Le voilà en train de tourner au-dessus de la maison ; il prend de l'altitude et s'engage dans le col qui sépare
la montagne du Sud du mont des Rochers.

De l'autre côté des sommets, c'est la plaine fertile
où les diverses cultures forment un damier prodigieux.
Tout au bout, pendant qu'il survole la longue pinède, le
bimoteur amorce sa descente vers la mer. Le pilote
apercevra-t-il, sur la rive, cette personne solitaire qui
regarde, au large, un rassemblement de macreuses ? On
dirait une île obscure qui par moments se soulève.

DE L'UTILITÉ
DES PHILOSOPHES

L'un des individus les plus singuliers qu'il m'ait été donné de connaître, à la fois homme de solitude et de cordiale compagnie, je l'ai aperçu pour la première fois à travers le hublot de l'avion qui nous menait, un groupe de pêcheurs, de Québec jusqu'en Haute-Mauricie. Au moment où le Cessna, après avoir survolé des immensités de bleu et de vert, allait se poser, au bord du lac, sur l'étroite piste de brousse, le pilote, qui était également le propriétaire de la pourvoirie, se tourna vers moi :

— Voilà votre guide. Valleau, son nom. L'un des meilleurs de toute la Mauricie. Il passe l'année dans le bois.

— L'année ?

— Oui. Pêche en été, chasse en automne, trappe en hiver.

Debout contre le flanc d'une camionnette poussié-
reuse, se tenait, les bras croisés, un homme petit, maigre,
coiffé d'une casquette à très longue visière qui lui donnait
l'air d'un oiseau rare. À peine eus-je mis le pied à terre
qu'il s'approcha pour nous aider à sortir les bagages et me
dit d'une voix ébréchée, en aparté :

— Je vous attendais. Restez ici une minute. J'ai
quelque chose à vous montrer.

Le maître des lieux s'éloigna vers le grand chalet avec
les deux sportifs à la canne fine, que je n'avais jamais ren-
contrés avant notre expédition. Guide Valleau me rejoignit
tout de suite et m'invita à le suivre au bord du lac où nous
attendait, la proue hors de l'eau, un canot à moteur.

— Le boss dit que vous connaissez les oiseaux...

Il m'épiait d'un œil malicieux. Quant à moi, je scru-
tais à la dérobée ce visage vif, jeune, presque imberbe, mais
précocement traversé de plissures, où le long nez en bec
d'aigle prenait toute la place.

— Disons que je m'y intéresse depuis un bon bout de
temps.

— J'ai découvert une richesse, me confia-t-il en
faisant démarrer le hors-bord.

Pendant que l'embarcation filait sur les eaux encore
calmes du lac démesuré, Guide Valleau me dévisageait en
souriant. Au bout de dix minutes — nous étions déjà loin
de la rive —, il arrêta subitement le moteur, plaça ses

mains en cornet devant sa bouche pour émettre un cri mi-sifflé mi-hululé qui m'étonna par sa justesse.

— Les vrais Huarts vont maintenant être gênés de s'exécuter, lui dis-je.

Il sourit, modifia la position de ses mains et ajusta ses lèvres entre ses deux pouces, ce qui produisit un chevrotement tout à fait identique au bêlement aérien de la Bécassine.

— Et celui-là, vous le connaissez ?

— On dirait vraiment une Bécassine.

— Ouais. Elle fait ça en piquant du nez du haut des airs. Puis elle vient se jucher sur la tête d'une épinette.

Le guide remit le canot en marche. Nous voguâmes dix bonnes minutes encore, suivant le contour des anses, traversant des passes étroites, puis le bateau s'arrêta de nouveau. Valleau, cette fois, détourna la tête et siffla entre ses dents.

— Celui-là, lui lançai-je, c'est bien le Gros-Bec à poitrine rose ?

— Comment ?

— Le Gros-bec à poitrine rose.

— Il a une tache rouge sur sa « falle »blanche ?

— Oui. Son chant ressemble beaucoup à celui du merle — notre rouge-gorge — mais il est plus mélodieux. Vous l'imitez très bien.

C'est ainsi que je fus amené, en cette paisible matinée de juin, au beau milieu d'un lac du Nord, à partager le répertoire d'un des meilleurs imitateurs d'oiseaux que je connaisse. Ce diable d'homme, qui ne devait pas avoir plus de trente ans, malgré sa peau ridée et sa bouche à demi édentée de vieil orpailleur, pouvait, avec sa langue, ses lèvres, sa gorge, ses mains, reproduire le cacardage des oies, le hululement des chouettes et des hiboux, le roucoulement des tourterelles, la musique des pinsons et même le ramage si compliqué du Roitelet à couronne rubis... Et je n'étais pas encore au bout de mes surprises.

Pendant que le hors-bord creusait des remous à la poupe et nous emportait plus avant, je ne lâchais pas mon guide du regard, supputant les raisons qui avaient poussé cet homme vers une telle solitude. Une incompatibilité sociale ? Un amour défait ? Ou tout simplement la réelle attirance de la grande forêt ? Tout à coup il me fixa d'un air moins rieur, se tourna vers le sud et dessina vivement de la main ce geste par lequel vous chasseriez la bestiole qui vous tourmente la tempe. Mais il n'y avait pas d'insecte.

Au moment où nous allions contourner une pointe boisée et passer dans une autre partie de ce lac au dessin capricieux, Valleau poussa une série de cris bizarres : des raclements gutturaux plus que des vocalisations.

— Et ça ? Vous connaissez ?

— Jamais entendu ces bruits-là.

Le canot à moteur déboucha dans la section qui nous était jusque-là cachée ; je vis enfin où le guide voulait en venir. Nous filions en direction d'une île, un îlot plutôt, rond, compact, occupé par de grands arbres — épinettes et bouleaux — chacun supportant à la cime une plate-forme de matières sombres d'où soudainement se déplièrent, pour prendre lourdement leur essor, des oiseaux de bonne envergure en qui je reconnus des Grands Hérons.

Une sorte d'ivresse m'envahit. J'avais déjà vu ces échassiers, mais jamais en si grand nombre. Au comble de l'excitation, je m'écriai :

— Oh, mon dieu, une héronnière !

— Ouais !

— Combien y a-t-il de nids au faîte de ces arbres ? Cent ? Deux cents ? C'est la plus vaste colonie existant au Québec !

— C'est ma richesse, déclara Valleau.

— Pour une richesse, c'en est toute une. Quel spectacle !

Les oiseaux effrayés nous survolaient et nous enveloppaient d'une clameur indéfinissable, faite de cris rauques et roulés, en tous points identiques aux dernières imitations du guide.

Il se produisit alors un phénomène si étrange que j'hésite encore à le révéler. Quelle altération de la perception fit se distendre ainsi la réalité ? Comment notre cerveau en arrive-t-il à fractionner le temps ? Je pris tout à coup conscience que nous étions, les hérons, Valleau et moi, comme à l'intérieur d'un film tourné au ralenti. Avec une netteté nouvelle je percevais chaque mouvement des oiseaux, chaque détail de leur apparence. Je voyais la tête des femelles poindre hors des nids, leur œil jaune s'élargir ; je voyais la longue aigrette noire flotter sur leur nuque et s'ouvrir le bec jaunâtre. Les oiseaux se dépliaient, se hissaient gauchement sur leurs échasses, ouvraient leurs ailes bleu cendré et s'élevaient, lourds, lents, gracieux. Le cou replié, ils volaient en cercle autour de l'île. Même leurs cris d'alarme semblaient la version ralentie, démultipliée, d'une plainte sourde. Si la douceur du Grand Héron est moulée dans son vol, toute sa gravité est dans son cri.

La rumeur s'intensifia quand nous posâmes le pied à terre. « À terre » relève à coup sûr de la figure de style, car nulle trace dans l'île de ce que nous nommons d'ordinaire le sol. Sur cette surface incertaine, assombrie par le congrès des arbres serrés, régnait un désordre de fin du monde. C'était un entassement de nids tombés avec toute leur charge, de squelettes de héronneaux, de poissons en décomposition, de cadavres, de fientes. Et quelle odeur ! Une touffeur acide, l'apothéose du remugle animal. Mais les héronnières ne sont pas faites pour les humains, et les hérons ne sont pas reconnus pour la finesse de leur odorat.

Valleau exultait. Sa joie, je la devinais plus que je la percevais, puisqu'il n'esquissa aucun geste, ne laissa échapper aucun son qui risquât de perturber davantage l'ordre naturel. C'est d'un léger mouvement de la tête et des sourcils qu'il m'invita à regagner l'embarcation. Nous laissâmes alors les oiseaux à leur vie privée.

De cette vie intime mon guide voulut tout connaître. Je lui parlai de ce que je savais des Grands Hérons : de leurs migrations saisonnières, de leurs aires d'hivernage dans les grands marais du Sud, de leur retour, au mois d'avril, vers la héronnière natale, de leur installation, à seule fin de se reproduire, en tribus plus ou moins importantes, dans des lieux qui toujours leur offrent le meilleur champ de vision : de grands arbres émergeant des terres humides, de hauts fûts accrochés au bord des falaises et le plus souvent des îles boisées, à l'abri des prédateurs et des activités humaines.

Aussi curieux que cela pût paraître chez un homme des bois, Guide Valleau n'avait jamais observé un Grand

Héron en train de se nourrir. Ce premier soir de mon séjour, donc, devant la cheminée du chalet principal, pendant que les autres pêcheurs buvaient leurs paroles et leurs exploits, je lui dévoilai l'existence d'une autre richesse : cette batture de l'Île où il me fut souventes fois permis d'assister à des pêches inoubliables.

Un matin de l'année précédente, vers la fin juillet, la chaleur humide répandait sur le fleuve une masse vaporeuse qui estompait l'autre rive, les montagnes et les lointains. La marée était *fine basse*. Assis devant la fenêtre, je laissais planer mon regard sur la longue grève herbeuse quand j'aperçus deux hérons déboucher de la pointe rocheuse, à l'est, et suivre d'un vol lent la ligne du jusant. L'un des oiseaux se posa dans un rigolet au bord du fleuve tandis que l'autre vint plus près, pour atterrir à proximité d'une mare creusée l'automne précédent par les chasseurs de canards.

Dans une situation comme celle-là, il convient tout d'abord d'éviter toute précipitation. Changer quelque chose en soi, modifier dans la mesure du possible son propre rythme de perception, voilà les attitudes idéales. On n'observe pas ces oiseaux comme lorsqu'on assiste au vol véloce des bécasseaux ou au passage fulgurant de l'épervier. Comme tout est placide et solennel chez le pêcheur des mares, il est recommandé de se départir de l'urgence du premier appétit et du besoin de courir frénétiquement vers la solution. Jouir du Grand Héron suppose qu'on devienne soi-même Grand Héron, ou mieux : touffe de roseaux, branche immobile, reflet des présences minérales.

L'oiseau qui avait pris position près de la mare, à cent mètres du chalet, apparut dans ma lunette d'approche. Pour le moment, le cou parfaitement figé à la verticale, il prenait l'exacte mesure de la sécurité des lieux. Seuls bougeaient ses yeux jaunes. Des souffles de vent remuaient ses plumes lâches ainsi que le long et fin pinceau noir qui lui servait d'aigrette. Lentement, avec des mouvements d'une précision et d'une douceur infinies, il avança dans l'eau jusqu'à mi-tarse et s'immobilisa. Un héron à la pêche, disait quelque poète, ne semble avoir d'autre souci que de laisser le temps couler entre ses pattes. Notre oiseau finalement tendit, pour scruter le fond du miroir, son long cou à l'horizontale, le replia en S, le bec pointé vers l'avant. Un autre long moment s'écoula. Puis, avec la rapidité d'un mécanisme impitoyable, il détendit le ressort, plongea le bec jaune au fond de l'eau, le releva à la verticale pour avaler une proie que je ne pus reconnaître. Un vairon sans doute. Ou une petite grenouille. Une plus grosse prise aurait été embrochée comme à la pêche au harpon.

Qu'en était-il donc de l'autre pêcheur, celui qui s'était posé en plein milieu d'un des rigolets qui strient la batture de la grève jusqu'au courant ? À l'instant même où ma longue-vue le prit au foyer, il entreprit de se déplacer dans l'eau vive. Avec la même lenteur étudiée et la même prudence quasi théâtrale, il avança, leva une patte, la tint un moment repliée, la remit dans l'eau avec délicatesse, souleva l'autre de la même manière. Tête tendue vers l'avant, immobile, il inspectait. Puis repartait. Pendant combien de minutes progressa-t-il ainsi vers l'amont du ruisselet ? Une fois encore le temps s'était relâché.

Puis hop ! Un geste d'éclair. La lance frappa sous l'eau et le cou se releva pour déglutir. Comme si rien ne s'était produit, l'oiseau était de nouveau au travail. Il avait repris à contre-courant sa lente avancée dans l'eau maigre.

Dans le séjour de la pourvoirie, devant le feu de cheminée, l'un des sportifs avait suivi d'un œil sceptique ce que je racontais. Il avala d'un trait son verre de gin, se leva et, feignant de regarder la nuit noire par la fenêtre, se lança dans une diatribe enflammée où il était question de piscicultures dévastées et d'étangs à truites honteusement pillés par « ces maudits volatiles dont on se demande ce qu'ils viennent faire sur la terre ».

— On voit bien qu'ils ne sont pas aussi utiles que d'autres, renchérit son compagnon.

Pour leur répondre je ne pus rien trouver de mieux que de citer cette phrase de Chouang Tseu : « Personne ne peut connaître l'utile de l'inutile. » Ce qui eut pour effet de susciter un malaise et de faire dévier la conversation sur l'improbable mérite des philosophes.

Je me permis alors, comme il est recommandé en ces délicates affaires, d'énoncer une vérité difficile à vérifier.

— Je serais près de penser que le Grand Héron, si tant est qu'il soit pour nous quelque chose évidemment, est le philosophe des oiseaux.

— ...

— En tout cas il possède la gravité et la placidité de qui fait profession de bien voir et de scruter sous la surface des choses. Et puis, à mon avis, il est l'un des seuls oiseaux dont la contemplation nous conduise à des réflexions pertinentes sur le temps. Du temps il évoque les deux aspects contradictoires et complémentaires : lenteur, quasi-immobilité, suivies, à plus ou moins brève échéance, d'une rapidité affolante. Cette précision fulgurante, cette piqûre de la lance implacable, ne souhaitons-nous pas très secrètement, nous qui ne pouvons éluder ce qui viendra bien un jour, qu'elles meuvent le dard qui sera notre fin ?

Un ange passa ; j'épiai les réactions de mes compagnons. Les deux pêcheurs éclatèrent de rire et se versèrent à boire. Guide Valleau, qui jusque-là avait été silencieux, se racla la gorge, posa les coudes sur ses genoux, s'avança vers moi et me souffla sur le ton de la confidence :

— Quand on pâtit, on dirait que les minutes, elles s'enferment. Mais quand on se réjouit, elles s'envolent.

UN PETIT BOIS

Il y a quelques années, pendant toute une saison chaude, survinrent dans ma vie des événements qui, pour étranges qu'ils aient été, continuent d'être précieux à ma mémoire et de me soutenir. Cette histoire a commencé par un appel téléphonique de Gabrielle, une romancière parvenue, malgré une santé délicate, à un âge avancé et qui avait conservé, dans une réclusion quasi totale, une vivacité d'esprit, une fraîcheur et un humour dont elle faisait, pensais-je, bénéficier ses seuls amis. Depuis quelques années déjà elle me racontait ses rêves de voyage et de départs irraisonnés vers des lieux sauvages et déserts. Elle se disait de nouveau hantée par le personnage central d'un roman qu'elle avait écrit trente ans plus tôt, Alexandre de son prénom, petit caissier malingre et angoissé, qui s'évada un jour d'été vers un lac des Laurentides où il vécut le plus riche moment de son existence, « la seule journée qui fut comme devrait être toute la vie ».

Or un matin, vers les onze heures — c'est à cette heure-là que d'habitude elle me téléphonait — Gabrielle me demanda de lui décrire, avec tous les détails, le lieu où je passais mes étés, dans une île près de Québec. Je lui parlai alors de l'estuaire, du fleuve, de la batture aux rigolets, du chalet rouge et du petit bois qui le flanque, en lui précisant que l'y conduire serait une joie pour moi dès la venue des beaux jours.

— Non, non, s'exclama-t-elle, décrivez-le-moi tout de suite, votre petit bois !

Je lui dis alors qu'elle ne devait pas s'attendre à découvrir une forêt proprette, formée de quelques essences d'arbres joliment alignés au flanc d'une colline chauffée au soleil. Je lui demandai d'imaginer plutôt, au bord marécageux du fleuve, un cortège de grands saules composant une barrière naturelle entre la grève et la terre ferme. Derrière les saules, un pré envahi par les chardons et les asclépiades, puis une aulnaie au sol noir et spongieux où abondent, en juillet, le « tabac du diable », les « choux puants », les asters, les salicaires, les fougères et les impatientes, tous végétaux d'une sociabilité exubérante. Je l'invitai à se représenter cette aulnaie limitée à l'est par un ruisseau qui chante à la lisière d'un bois plus épais, formé de massifs de bouleaux côtoyant des groupes de cèdres blancs, de merisiers et de trembles, et, parmi ces espèces principales, des érables, des cormiers, des frênes et des amélanchiers.

— Et les buissons, me demanda-t-elle, il doit bien y avoir des buissons...

— N'oubliez pas que nous sommes au bord du fleuve. Dans ces milieux voisinent, imbriqués, mêlés, des « sept-écorces », des cornouillers, du sureau et du pimbina...

— Et des églantiers...

— Oui, des églantiers, des framboisiers sauvages et des ronces. Ce que je viens de vous décrire, c'est le petit bois d'en bas, un bois touffu, dense, humide, un peu secret. De l'autre côté du chemin, vers le sud, derrière un étang à grenouilles, on se heurte à une falaise où s'enracinent des ormes et des érables. C'est là-haut que s'étend, en pente douce, l'érablière de mon voisin, un peuplement presque pur d'érables à sucre arrivés à maturité. C'est un bois dégagé, frais, où l'on peut circuler à son aise.

— Et dans le petit bois d'en bas, il y a des cerisiers ?

— Bien sûr, des « cerisiers à grappes », comme on dit, des noisetiers, des aubépines...

— Parlez-moi encore de ce massif de bouleaux, dit-elle en s'animant.

Et j'essaie de lui dépeindre cet îlot d'arbres pâles en bordure du pré, cette assemblée de bouleaux à papier voisinant avec quelques trembles. Cette halte représente à elle seule une sorte d'oasis au milieu du grand havre. Tout autour, comme une gaine de protection, foisonne l'envahissant et si joli Physocarpe — c'est le bien nommé « bois de sept écorces » que choisit souvent, chez nous en tout cas, le Moqueur chat pour y établir son nid.

Nous n'avions pas encore parlé de la vie animale, abondante dans ce lieu que j'avais tendance, je le confesse, à embellir. Et Gabrielle, avec un accent rieur dans la voix, de me lancer :

— Il doit bien y avoir quelques moustiques sur ces terrains humides...

— Oh, nous retirons un revenu appréciable de l'élevage intensif du maringouin !

— Quoi qu'il en soit, vous avez déjà piqué ma curiosité...

Le lendemain matin, nouvel appel téléphonique. Gabrielle me demandait des précisions sur les fleurs sauvages, les petits fruits, les oiseaux, les papillons. Deux semaines plus tard, vers la fin de l'hiver, elle chercha à savoir dans quelle mesure serait envisageable, quelque part au milieu du petit bois, la construction d'une cabane minuscule, oh à peine plus grande qu'une chambre, juste assez confortable pour écrire, manger et dormir. Je lui avouai que ce refuge existait, mais dans un tel état de délabrement qu'il servait tout au plus de gîte aux écureuils, aux souris et aux mulots. Cette évocation, au lieu de la désenchanter, fit naître chez elle de nouveaux rêves, encore plus précis. Elle se voyait déjà dans cette petite cabane restaurée à ses frais, échafaudant même des plans de rénovation et d'aménagement. Elle imaginait qu'un sentier de pierres plates courait parmi les aulnes et les cèdres, enjambait le ruisseau sur un pont arqué avant d'atteindre notre chalet. « Je serais discrète, toute à mon travail. Nous nous retrouverions tous ensemble, le soir, sous votre pergola, pour écouter chanter les oiseaux. »

Puis les appels se sont espacés. La maladie de Gabrielle s'était aggravée et je sus qu'elle rassemblait ce qu'il lui restait de forces pour terminer sa dernière œuvre. Elle me parla encore une fois de la cabane et du petit bois, mais plutôt comme d'un souvenir radieux, l'évocation d'une échappée mémorable.

Elle mourut quelques mois plus tard. C'est après coup que l'un de mes frères, en visite chez moi, m'offrit ses services pour la reconstruction du refuge.

* * *

Pendant que se poursuivaient, cet été-là, les travaux de menuiserie, j'avais pris l'habitude, le soir, après le souper, d'aller fumer une cigarette dans la cabane. Il y avait là un mobilier rudimentaire : une table grande

comme un damier, un poêle à bois, une vieille chaise ban-croche. Je m'asseyais devant l'étroite fenêtre et je regardais le fleuve et les montagnes d'un point de vue nouveau pour moi.

Un soir tranquille de juillet, je reçus une visite. Non, ce n'était pas une personne réelle, c'était comme l'ombre d'une présence, un souffle, quelque chose d'impalpable et pourtant de très expressif. Je ne cherchai même pas à savoir qui c'était. Tout de suite un nom bizarre, inconnu, inventé, traversa mon esprit : « C'est Dachou, le poète aveugle ! » Je ne connaissais pas de Dachou, ni de poète aveugle. Mais c'est ainsi que, en quelque sorte, la présence se nomma elle-même. Dachou parlait d'une voix de petite misère, étouffée, rocailleuse, avec des phrases un peu sen-tencieuses. Il voulait, aurait-on dit, livrer un message pres-sant, transmettre, en un temps très court, une masse com-pacte d'expériences vitales. Je le laissais murmurer dans mon crâne. Ce soir-là, il parla surtout de libération :

« Si tu ne peux te passer de maison, fais au moins en sorte qu'elle soit aussi légère que verchère sur le fleuve. Construis pour ouvrir. Pense à ta maison comme à un être fait pour laisser couler en lui la vie et finalement couler avec elle. Sois le capitaine de ton bâtiment, car tout bâti-ment exige qu'on le gouverne parmi les vents de la réalité. Mais sois un capitaine ailé, aussi léger que le voyageur qui traverse une ville sans désir d'enracinement. »

Ce jour-là, nous étions en train de refaire le revête-
ment de la toiture. Nous fûmes intrigués par le comportement d'un Moqueur chat, caché dans un fourré, en bas,
près de la cabane, où il ne cessait de miauler. On le vit,
l'instant d'après, perché sur une branche où il débita fié-
vreusement un bout de chant décousu. Il redescendit,
changea de couvert et reprit ses parfaites imitations d'un
chat quémandeur. Finalement il disparut à l'intérieur du
buisson de Physocarpe qui enserre le massif de bouleaux et
de trembles.

Le soir, une fois les travaux terminés, je ne pus m'empêcher de contenter ma curiosité en allant me faufiler dans cette végétation touffue. Le nid était là, camouflé sous le couvert de feuilles et solidement retenu aux branches du *sept-écorces*. Immobile, silencieuse, la femelle était en train de couver pendant que son compagnon s'égosillait dans les branches, tout près. Il s'approcha encore, émit une série de sifflements plaintifs, un signal sans doute, puisque la femelle déguerpit. J'eus alors tout le loisir de repaître mon regard de la couleur intense des quatre œufs qui reposaient dans la coupe parfaite du nid. On connaît le vert bleuté, doux, velouté des œufs des grives. Je trouve les œufs du Moqueur chat plus admirables encore par leur bleu profond, opulent, d'une texture qui rappelle le grain satiné de certaines peaux humaines dans les endroits secrets du corps. Je remarquai tout à coup que, pour leur construction, les oiseaux avaient utilisé des bandelettes de papier ou d'écorce qu'ils avaient dû trouver dans les alentours et qu'ils avaient soigneusement entrelacées avec des brindilles et des herbes. Sur ces bouts de papier, je crus reconnaître une écriture, des mots, des bouts de phrase, et mon imagination, enflammée par ce spectacle, compléta le tableau. Il me sembla que Dachou lui-même me disait comme à l'intérieur de l'oreille :

« Tu as devant toi une des merveilles du monde sensible. Seras-tu assez simple pour en admirer la complexité ?

L'oiseau est un être libre et complet. Sa pauvreté est sa richesse. Il traverse les continents, il connaît la figure des terrains et le dessin des constellations, il trouve seul sa nourriture, il chante, il construit. Avec quelques brindilles, des bouts d'herbe sèche, il élabore en moins d'une semaine une œuvre solide, légère, aérée, convenant parfaitement à ses besoins. Cette construction, il sait où la poser pour la rendre secrète, il a appris comment l'attacher pour qu'elle résiste aux forces qui soufflent. Crois-moi : l'admirateur du nid des oiseaux sera comblé, mais jamais rassasié. Règne ici le mystère des formes d'origine qui nous dévoilent sans l'expliquer le monde d'avant, où les frontières entre le dedans et le dehors étaient plus ténues. La Vie n'a-t-elle pas trouvé le moyen d'alléger encore plus l'oiseau en lui permettant de faire ses petits hors de son ventre ? Soyons assez légers pour le comprendre. »

Un soir, vers huit heures, je faisais les cent pas dans le petit chemin de gravier qui longe l'étang et qui marque la frontière entre l'érablière et le bois d'en bas. J'écoutais chanter le Gros-bec à poitrine rose, la Paruline couronnée, le Viréo et le Pioui. Dachou, qui ces derniers temps était resté muet, se manifesta l'espace d'une seconde par une seule phrase qui effleura mon esprit et sur le moment me fit rire, tant sa formulation avait quelque chose de péremptoire et d'insolite : « Qui siffle le Pioui se fera du souci. »

Je n'ai pas la prétention de connaître le langage des oiseaux, mais je m'y entends assez bien dans l'imitation du chant du Pioui. Je me concentrai et, du plus pointu que je pus, je sifflai : pi-i-ou-i-i-i...

Tout de suite un écho, loin dans l'érablière en contre-haut, me répondit. Un autre sifflement, une autre réponse. Après chaque imitation, la réplique se faisait plus précise et, finalement, au faîte des érables accrochés à la falaise, je vis voler une ombre minuscule. Le Pioui n'est pas un exhibitionniste. S'il révèle sa présence par son chant aigu et mélancolique, il est d'une parfaite circonspection et fréquente la cime des grands arbres où le soustraient aux regards ses couleurs modestes : le gris olive domine sur le

dos ; sur la poitrine, le gris jaunâtre voisine avec le blanc. Je sifflai de nouveau ; l'oiseau descendit jusqu'au bois d'en bas, se posa, bien en vue, dans un merisier, plumes gonflées, ailes frémissantes. Quelle agitation fiévreuse le secouait ! Je me risquai à siffler deux ou trois fois encore, me réjouissant de voir le pauvre volatile s'énerver autour de moi. Puis il disparut et ce fut le silence. Le lendemain, il ne fit écho à aucun de mes appels. C'est à ce moment-là que j'ai compris : les bêtes sauvages ne sont pas les jouets des humains. L'oiseau réagit toujours à l'imitation fidèle de son chant, qui représente pour lui l'intrusion d'un rival dans son domaine ; c'est par le chant que les oiseaux chanteurs se reconnaissent, s'avertissent, se mesurent, s'imposent. Devant un adversaire tenace, ils capitulent et souvent désertent leur territoire. Le Pioui, qui m'avait distrait un moment, laissa dans le paysage un trou noir qui longtemps m'inquiéta.

* * *

La rénovation de la cabane allait bon train. Nous en étions maintenant à la finition intérieure, à la pose des moulures et des plinthes. Ce soir-là, j'étais venu apprécier l'ouvrage de la journée et encore une fois je m'étais assis dans la berceuse bancale. Porte et fenêtres ouvertes laissaient entrer le chant des Grives fauves. Elles étaient là, si proches que leur voix tranquille et feutrée se fondait pour ainsi dire avec le murmure même de ma pensée. C'est ainsi que Dachou me parla pour la dernière fois :

« Il faudrait multiplier les petits bois. Ce sont des haltes et des abris pour les animaux ; pour les humains, des îlots de santé, des écoles naturelles et des lieux de recueillement. Des parfums mêlés nous accueillent. Les sons, les bruits, les chants se concentrent en une mince rumeur qui nous force à entrer en nous-mêmes. Chaque arbre, chaque arbuste, chaque plante, chaque parcelle de sol sont des foyers où nous pouvons aller nous réchauffer. Posons nos mains sur ces feux sans flamme. Une chaleur, une force paisible circulent dans nos veines ; une sorte de calme frémissement frôle chacun de nos os, pénètre dans nos organes pour les délasser et les fortifier. Nous sommes dans le petit bois pour nous reposer et pour apprendre comment la vie à chaque instant vient sur la terre. Il faut avoir le courage d'y pénétrer, de s'y asseoir, de toucher la terre, pour sentir se former en soi le respect des manifestations élémentaires. C'est alors que vient une présence qui n'était jamais venue, qui était là et qui n'osait entrer. »

À l'automne, la restauration était pour ainsi dire terminée. Je ne savais pas encore que l'esprit de Gabrielle avait circulé dans les alentours pendant tout cet été-là. Je le compris plusieurs mois plus tard quand vint sous ma plume un texte qui se terminait par ces mots :

« La toute dernière page du testament de Dachou contient cette phrase : dans chaque soleil brûle déjà la flamme devant laquelle un homme trouvera réconfort en tenant sur ses genoux sa petite fille qui portera demain la lampe dont notre si énorme nuit sera éblouie. Tous les soirs, à la fin de sa vie, le vieux poète demandait qu'on l'installât, près du fleuve, au centre d'un bosquet de trembles où les grives venaient chanter presque sur son épaule. »

DES MOQUEURS PARFOIS
VIENT UNE IVRESSE

Dans l'extrême sud du parc des Everglades, en Floride, il y a une petite installation donnant sur le golfe du Mexique et qui se nomme Flamingo Bay. C'est un endroit fréquenté par des amateurs de nature sauvage, qui déambulent, discrets, l'œil nerveux, quelque appareil optique en bandoulière, le long des sentiers aménagés dans le grand marécage. Les habitués savent qu'il suffit, par une petite route, d'atteindre un étang grand comme rien pour admirer quelques-uns des oiseaux les plus flamboyants d'Amérique : aigrettes, flamants, spatules, ibis et avocettes.

Ce matin, pourtant, le spectacle a lieu tout au bord de la route, en face de l'étang. Dans un trou d'eau vaseuse cerné de mangroves, une mère alligator se repose avec ses deux petits. Elle est complètement immergée ; seuls surnagent les yeux protubérants et les naseaux au bout de la longue gueule. Je comprends qu'il s'agit là du comportement d'un chasseur à l'affût.

Sur ces entrefaites arrive un Moqueur chat qui voudrait boire, je suppose. Mais a-t-il vu les mâchoires fatales ? Il sautille de branche en branche, s'approche des deux petits alligators, hésite, s'éloigne, revient ; il va se poser, j'en ai peur, sur la tête du reptile, mais au même moment survient un autre moqueur qui s'agrippe à la racine extérieure d'un tamarinier. Je n'irai pas jusqu'à dire qu'un signal fut donné. Je sais seulement que les deux oiseaux, ensemble, ont quitté brusquement ce lieu de péril, en laissant les alligators sur leur faim.

Si cette scène m'a tellement amusé, c'est sans doute parce que le Moqueur chat est un oiseau qui me séduit. Chaque année, vers la mi-mai, au bord de la grande batture aux rigolets, nous arrive ce personnage au caractère complexe et secret, que j'ai appris à mieux connaître avec le temps.

Aussitôt revenu de son hivernage tropical, au terme d'un voyage qu'il effectue de nuit en larges volées silencieuses, il ne manque pas de signaler sa présence par un cri si inusité que la plupart des gens croient entendre celui d'un chat alarmé, invisible dans les fourrés.

C'est bien ce que je supposais, moi aussi, durant mes jeunes années, quand, dans les broussailles qui prenaient d'assaut une vieille glacière désaffectée, aux limites de notre faubourg, j'entendais cette plainte étrange. C'était un oiseau, me disait-on. Certains lui donnaient même un nom : le merle chat. Cet être distant, qu'on apercevait par brefs éclairs sombres sous les denses buissons, je lui prêtais même, comme tous les enfants sans doute, des dispositions malignes.

Plus tard j'en appris davantage à son sujet. Je sus par exemple qu'il n'a rien du merle, que son vrai nom est le Moqueur chat, qu'il s'est bien adapté aux habitats créés par l'homme, qu'il n'est pas un hôte des grands bois et des hautes frondaisons, qu'il vient parfois nicher dans les haies de nos jardins et qu'il a vraiment tout pour satisfaire un esprit avide des menues ivresses de « la vie immédiate ».

Ces vingt dernières années — pour quelles raisons ? fidélité à l'enfance, sans doute — , j'ai consacré bien des heures à l'étude de cet oiseau et j'ai peu à peu découvert en lui un animal affable, attachant, qui possède à un rare degré le sens du théâtre.

Il n'est pas le seul de sa parenté à venir nous rendre visite en été. Cette famille strictement américaine, les Mimidés (voyez-vous pointer l'imitateur derrière ce mot savant ?), qui comprend une trentaine d'espèces surtout tropicales, nous délègue, sous nos latitudes nordiques, trois représentants : le Moqueur roux, le Moqueur polyglotte et le Moqueur chat.

J'en aurais long à dire au sujet du Polyglotte, mais je me contenterai, pour le simple plaisir de vous présenter un superbe artiste, de raconter l'histoire suivante.

Il y a quelques années, dans un des grands parcs de Washington, un orchestre donnait, certain soir de pleine lune, un concert en plein air. Pendant qu'on jouait *Pierre et le Loup* de Prokofiev, les spectateurs et les musiciens furent consternés d'entendre que, dans les grands arbres tout proches, un artiste invisible interprétait la partition de la flûte qui dans l'œuvre imite le chant des oiseaux. Le concert prit fin, mais l'instrument caché continuait d'imiter la flûte de l'orchestre. On aperçut alors, sur la cime d'un haut fût, l'incongru musicien. C'était un oiseau qui, mis en verve par cette musique gratuite, poursuivit son récital une partie de la nuit.

Quel était donc cet oiseau si expert à produire des imitations ? Un perroquet ? Il n'y a pas de perroquet à Washington. Un Mainate indien, l'oiseau parleur par excellence ? Ce mime ailé ne vit pas à l'état naturel en Amérique. Qui était-ce donc ? Il y eut sans doute quelqu'un parmi l'assistance pour faire circuler le nom de l'imitateur. *It's a Mockingbird !*

Il s'agissait bien du Moqueur polyglotte (c'est son nom français), un oiseau de taille moyenne, élancé, portant sur son plumage le blanc, le gris et le noir, et qui révèle ses véritables attraits quand il prend son essor et qu'éclatent dans la lumière les grandes taches blanches de ses ailes et de sa queue déployées.

C'est un oiseau combatif, fortement territorial, doué d'un répertoire si étonnant que les Indiens du Sud des États-Unis l'ont baptisé *Cencontlatolly,* l'oiseau qui parle quatre cents langues ! Un poète anglais, qui l'entendait pour la première fois, déclara avoir rencontré le rossignol et l'alouette réunis dans le même être.

Vous avez peut-être entendu son chant le matin, le soir ou la nuit le plus souvent, jaillir de la tête d'un arbre, du faîte d'un poteau ou d'un toit, tellement il aime s'exécuter sur les hauteurs. C'est un chant clair, puissant, étonnamment varié. Je vous en prie, ne molestez pas le vocaliste. Vous êtes l'hôte de l'une des pures merveilles de ce monde. Un tel concert vaut bien dix minutes de sommeil, non ?

Le Moqueur chat, lui, s'il risque d'interrompre vos rêves, choisira le matin. Car c'est tôt dans la matinée et au début de la soirée que je le sais le plus actif. Encore qu'il ne soit pas impossible de l'entendre la nuit.

Quand il arrive chez nous au mois de mai, généralement à l'époque où les amélanchiers sont en fleurs, je m'empresse d'aller saluer le mâle qui précède d'une dizaine de jours la femelle. Je le retrouve presque toujours au même endroit : dans les épais buissons de physocarpes et d'aubépines qui séparent le chalet de la batture. J'aime, après la si longue et si dure saison, revoir cet oiseau svelte, d'une taille légèrement inférieure à celle du merle, portant une longue queue sombre, à l'extrémité arrondie. Il est vêtu d'un sobre costume gris ardoisé ; une casquette noire le coiffe. Avec un peu de patience et un soupçon de vivacité, vous arriverez à voir la tache rousse qui colore le

dessous de sa queue et qui est son insigne de coquet-
terie.

À vrai dire, le Moqueur chat ne révèle pas tout de
suite son faible pour l'ostentation. Ce furtif excelle à se
mouvoir avec discrétion d'un fourré à l'autre, traversant
les denses aubépines pour se mettre à l'abri au fond d'un
bosquet. Mais il sait bien, à un moment ou l'autre, signaler
sa présence ; je connais peu d'oiseaux aussi sensibles que
lui à la moindre intrusion sur son territoire. Aussitôt qu'il
vous a vu — bien avant que vous ne l'ayez repéré — , il
alerte les environs par un cri inoubliable, lequel lui a valu
son nom français et son appellation anglaise de *Catbird*.
Les Indiens Chippewyans le nomment *Mama Dive
Bineshi*, ce qui signifie en leur langue : l'oiseau qui crie de
chagrin et de douleur.

Au début de juin arrivent les femelles. Celle qui péné-
trera dans un territoire occupé par un mâle sera immédiatement prise en chasse, comme il arriverait d'ailleurs à
tout mâle rival. (Les deux sexes ont le même plumage.) La
femelle visiteuse se distingue tout de suite d'un autre mâle
en ce qu'elle résiste à la fuite et tient tête. C'est à ce
moment-là que les buissons qui entourent mon observa-
toire s'animent, deviennent le lieu de folles poursuites où
deux oiseaux, presque au ras du sol, filent en froufroutant
l'un derrière l'autre à travers les entrelacs de tiges et de
branches. Voilà le vol nuptial des moqueurs, que tempé-
reront bientôt le choix du nid et son élaboration.

Le Moqueur est un fin constructeur qui a le don des architectures légères. Sous le couvert enchevêtré des taillis, la femelle commence par fixer aux rameaux une plate-forme de tiges de salicaires entrecroisées avec des bouts de joncs qu'elle est allée grappiller dans la batture, tout près. Là-dessus elle construit un étage de matières végétales diverses mêlées à des feuilles mortes ayant perdu toute leur substance : des squelettes de feuilles devenues transparentes. C'est le vrai plancher du nid, un plancher malléable, hospitalier, qui pourrait déjà accueillir œufs et oisillons ; d'autres, moins soigneux, s'en contenteraient. Mais le Moqueur peaufine, ne pondra que dans un tricot serré de radicelles ténues, véritable natte d'une coupe parfaite. La vie cherche le rond, la vie aime le rond.

Au moins une fois chaque été je m'aventure dans les parages de leur gîte, pour autant que je puisse le situer. J'y trouve généralement la femelle bien couchée sur sa ponte, les yeux ardents, la queue relevée contre le rebord du nid. Tout de suite accourt son compagnon qui, sur une branche, à moins d'un mètre de ma tête, se met à miauler, à se grossir en faisant bouffer ses plumes et en bombant ses ailes. À ces cris incessants il ajoute bientôt des sifflements plaintifs, comme des pleurs étouffés. Je donne alors le mot de passe. La couveuse s'éloigne. Pendant un temps bref mais sans limite, je m'abandonne à la parfaite ivresse de contempler les quatre œufs qui reposent là et qui sont d'une beauté bouleversante. J'ai décrit ailleurs dans ce livre les œufs du Moqueur, mais je n'ai encore rien dit des aspects moins visibles du caractère de l'oiseau.

Les savants et les spécialistes, ceux qui scrutent l'intimité des bêtes, s'entendent pour affirmer que le Moqueur chat manifeste à l'égard des autres espèces ailées qui partagent le même territoire des qualités d'entraide qui surprennent chez un animal dit inférieur. L'instinct nourricier est chez lui si développé qu'il n'hésitera pas, à l'instar du Cardinal, par exemple, à nourrir des oisillons étrangers devenus orphelins. Bien plus. On connaît l'histoire de ce couple établi dans un lilas où logeait également un ménage de merles. La bonne entente alla si loin que moqueurs et merles couvèrent d'abord à tour de rôle les œufs des moqueurs. Puis, une fois les jeunes devenus indépendants, ils entreprirent de nourrir à quatre les merlots qui profitèrent à vue d'œil !

S'il y a quelque chose de remarquable chez le Moqueur, c'est bien son éclectisme alimentaire et son insondable voracité pour les insectes considérés comme nuisibles. Qu'il suffise pour vous en convaincre que je vous rappelle la fameuse invasion de chenilles qui affligea tout l'Est des États-Unis en 1914. On vit à cette occasion accourir des volatiles de plusieurs espèces, dont des Moqueurs chats. Certains observateurs les ont vus engloutir plus de quarante chenilles à la minute. Non seulement ils les mangeaient, mais ils dégorgeaient de temps à autre — à la romaine ! — leur repas pour avaler sans cesse de nouvelles nourritures.

Le temps est maintenant venu de vous raconter un fait qui se situe durant le second été de mon installation dans l'île. Ce jour-là je revenais au chalet après une absence de deux ou trois jours. À peine eus-je ouvert la portière de la voiture que parvint à mes oreilles un ramdam insolite ayant pour cadre les buissons qui poussent sous mes fenêtres. S'élevaient de ces arbustes des cris répétés, des miaulements fébriles. Je savais que des moqueurs nichaient dans les alentours, mais jamais je n'avais entendu de telles plaintes.

J'aperçus alors à travers les foins une fourrure blanc et noir ; je reconnus finalement l'un des chats du fermier qui habite à bonne distance. Ses petits animaux ne descendent jamais chez nous. Je réussis à saisir le chat, que je m'empressai d'aller reconduire à la ferme. C'est en revenant que je compris à quel point mon geste avait rassuré les oiseaux : un silence de paix entourait les basses frondaisons.

Plus tard, au cours de l'après-midi, je me préparais à sortir par la porte de derrière quand j'aperçus sur les pierres plates du perron un Moqueur chat. Chez cet oiseau plutôt timide, c'était un coup d'audace sans pareil. Il tenait en travers de son bec un gros hanneton, proie énorme pour lui. Il resta là, une bonne minute, sans bouger, en ayant l'air de dire : « Bon. Rendez-vous compte maintenant de quoi je suis capable. Vous me voyez engloutir les petites poires de vos amélanchiers, vous me voyez faire bombance de framboises et de mûres, vous me voyez, à la fin de l'été, grappiller les fruits des aubépines, vous avez sans doute appris que je peux à l'occasion ramasser les restes de vos pique-niques, mais sachez que j'excelle à chasser les insectes incommodants, sans m'en laisser imposer par leurs dimensions. » Et il s'envola.

Qu'on me comprenne bien. Rien de ce que j'ai écrit jusqu'à cette heure ne tend à laisser entendre que l'oiseau pourrait manifester une reconnaissance quelconque. J'essaie, dans la mesure du possible, d'éviter toute interprétation qui pourrait nous abuser sur une prétendue vie intérieure des bêtes calquée sur ce que nous savons de la nôtre. Et pourtant... Comment juger de ce qui va suivre ?

Ce même soir — un soir délicieux de juillet — nous dînions en famille dans la pergola de moustiquaire qu'un ami avait nommé « le bathyscaphe » puisqu'elle nous permet, durant la saison des moustiques, de rester pour ainsi dire plongés, sans inconfort, en pleine nature bourdonnante. À deux pas de l'abri pousse un thuya de bonne stature dont les branches viennent frôler la toiture de toile. Ce soir-là, donc, à l'heure où monte la pénombre, arriva un Moqueur chat qui choisit pour se percher l'une des branches dégarnies. Je le vis tourner la tête dans tous les sens, je le vis essayer des poses comme s'il choisissait l'angle le meilleur. Finalement il abaissa sa queue sous son corps, contre la fine branche, il ouvrit grand son bec noir et déroula avec ferveur, pendant plusieurs minutes, son chant discontinu.

Jamais autant que ce soir-là je n'avais assisté à un tel

débordement musical chez un Moqueur chat. Le plus remarquable de cette histoire, c'est que l'oiseau, à la même heure tous les soirs jusqu'à la fin de la saison des nids, revint sur la même branche nous offrir un récital qui à chaque fois nous sidérait par sa longueur et sa limpidité.

Ce qui donne cette allure enchevêtrée, décousue, absolument unique au chant du Moqueur chat, c'est que l'oiseau est lui aussi un maître dans l'art de l'imitation. On dit que son répertoire n'est pas aussi complet que celui de son cousin, le Polyglotte, qui, lui, à la plus grande variété des imitations joint brillance et volume sonore. Il est vrai qu'il ne s'exprime pas par couplets répétés comme son autre cousin, le Roux, mais — est-ce un effet pervers de l'admiration inconditionnelle ? — je trouve sa voix aussi musicale, aussi agréable.

Son chant est formé de phrases bien à lui, typiques de l'espèce, que l'oiseau connaît d'instinct et qui font qu'on peut toujours reconnaître un Moqueur chat où que l'on aille en Amérique. Ces phrases défilent à vive allure, sans pause, et elles comprennent chez la plupart des individus le fameux miaulement d'alarme.

Chaque mâle cependant intègre dans son répertoire des imitations de sons, de bruits, de cris, de sifflements que l'oiseau a entendus durant les premières semaines de son existence. Ceci est prouvé par le fait qu'un Moqueur né en Californie peut imiter la Rainette du Pacifique et le Pic de l'Ouest contrairement à ses congénères de l'Est.

Ils peuvent, les moqueurs, imiter n'importe quoi : le caquet d'une poule, le vagissement d'un bébé, le grincement d'un essieu rouillé. On peut même, semble-t-il, leur apprendre à siffler quelques notes. Ce sont toutefois les cris et les chants des autres oiseaux qui ont leur préférence, encore que la fidélité des imitations ne soit pas toujours évidente. Le nombre des espèces dont le Moqueur chat arrivera à reproduire le chant est estimé à plus d'une centaine.

Le Moqueur chat n'a pas connu auprès des humains une aussi bonne fortune que son cousin à la voix d'or, le Polyglotte, qui, lui, a été choisi comme emblème par six États américains. Non qu'il soit en reste de ces qualités que nous avons coutume de projeter sur les animaux familiers. Selon l'ornithologiste Arthur Bent, notre Moqueur est un individu soigné, sympathique, parfois turbulent, souvent espiègle, un peu clown et toujours disposé à rendre service. Si je sentais quant à moi le besoin de trouver un emblème pour ma maison, c'est lui que j'élirais. Je sais que cet oiseau fera partie de ma vie jusqu'à la fin.

Quand les soirs de juin, vers neuf heures, il se glisse comme une ombre feutrée à travers les taillis qui bordent le chalet et qu'il vient s'exécuter sur la branche basse du cèdre, il me donne de telles délices que j'éprouve à chaque fois le sentiment que mon être va s'arracher du présent et qu'il va entrer dans un temps qui ne file plus.

Lumière des oiseaux : bref éclair d'éternité.

QUÉBEC

Nous avons tous, chacun de nous, quelques lieux privilégiés pour appréhender le monde, pour juger de notre position sur la planète, pour saisir la ligne de fusion du temps et de l'espace. L'un de mes points d'appui se trouve ici, à Québec, sur la première marche d'un escalier public menant de la rue Saint-Denis à la rue Dufferin. Assis sur cette marche, il m'est déjà arrivé de faire une expérience capitale : regarder mon propre regard en train de s'envoler. Aucune barrière ne l'arrête. Il survole tout en bas la terrasse Dufferin, il frôle le château Frontenac, saute le garde-fou de la promenade, survole la place Royale, le Vieux-Port et le voilà déjà au-dessus du fleuve ; il plane, il se déploie, il s'ouvre sur cette trouée prodigieuse que le Saint-Laurent pratique dans le paysage. Tout est offert : les

Laurentides venant rejoindre le fleuve avec le cap Tourmente, l'anse de Beauport derrière le bassin Louise, la
proue de l'île d'Orléans, la pointe de Lauzon et, entre les
deux, l'ouverture sur l'estuaire, sur l'illimité.

Curieusement c'est au plus froid de l'hiver que j'ai
appris à voler au-dessus de la ville. Il y a six ou sept ans,
à la fin de janvier, la volonté de secouer, en pleine conva-
lescence, une torpeur malsaine, m'avait conduit sur les
plaines d'Abraham où j'espérais voir les couleurs d'une
aurore arctique. Le fleuve, couvert de glaces étincelantes,
dégageait une forte vapeur qui montait et qui, à mesure
qu'elle s'élevait, devenait grisâtre dans le ciel pâle. À l'est,
un énorme soleil orangé, comme on en voit les soirs d'été,
déchirait cette masse de brume, la colorait en dessinant une
traînée de brillance dans l'eau. Il y avait là-dedans une
promesse de chaleur malgré ce froid de confins. En marchant sur la neige craquante, j'entendais des oiseaux à
travers mes cache-oreilles. Une mésange sifflait : « Qui es-
tu ? » Dans un sapin, des corps invisibles pépiaient faiblement. Trois canards filèrent au ras du courant, vers
l'amont. Puis un vol véloce de pigeons vint tourner près de
moi pour aller se fondre dans le brouillard. Avec eux je
partis dans les airs.

Je survolai le cap Diamant, la Citadelle au dessin
acéré, puis, au-dessus de la terrasse Dufferin, obliquai vers
la droite et glissai vers l'eau. C'est en rasant les glaces que

je rejoignis mes pigeons, qui s'étaient posés sur un bloc flottant pour y chercher graines et brindilles. Ensemble nous reprîmes de l'altitude, fîmes un crochet en direction du Vieux-Port, allâmes fureter du côté des élévateurs de grains. Puis, nous fûmes de nouveau dans le ciel, zigzaguant entre les clochers du Séminaire, ondulant au-dessus du Vieux-Québec, désert à cette heure matinale. Des pignons bleus, rouges, verts, la plupart percés de lucarnes, émergeaient des autres toitures enneigées. Au comble de l'euphorie je découvrais d'un œil net un aspect nouveau de la ville, qui en explique peut-être le charme : l'extraordinaire variété des toits révélant l'indépendance des maisons. À Québec, *intra muros*, chaque habitation, chaque rue a son caractère propre, chacune a sa forme, sa couleur, son dessin. Mais d'où vient l'impression de mystérieuse harmonie que dégage le mélange des individualités ?

Le nouveau regard qui m'était donné n'arrivait pas à se détacher des toits de certains édifices — la gare du Palais, l'Hôtel-Dieu, la basilique, le château Frontenac — dont le vieux cuivre oxydé crée une teinte sans pareille qui rappelle la nature sauvage : le vert variable des mousses enserrant les rochers, le vert paisible des lacs pendant les jours de pluie, le vert nourri des lichens qui recouvrent les plaines tremblantes de la toundra. Vu d'en haut, ce vert donne à la ville une apparence de solidité, une illusion de patine impérissable.

Mon expédition aérienne avec les bisets, après une visite éclair au pigeonnier du Parlement, prit fin quand la bande atterrit place de l'Hôtel-de-Ville, carrefour magique du Quartier latin où formes et couleurs se fondent pour créer un lieu saisi par le calme et l'excitation. Là nous avaient déjà précédés quelques moineaux et moinelles, figés dans les maigres arbres qui ornent le centre de la place. Cet endroit est fréquenté par les moineaux depuis 1868, date de leur introduction à Québec par le colonel Rhodes qui croyait, à l'instar de beaucoup d'Anglais, que ces insatiables débrouillards allaient débarrasser les jardins des insectes nuisibles. Très vite ces passereaux originaires d'Europe se sont acclimatés dans cette ville aux hivers impitoyables grâce aux vivres qu'ils trouvaient en abondance puisqu'ici, entre la basilique et le collège des jésuites, aujourd'hui remplacé par l'Hôtel de Ville, se tenait le marché de la Haute-Ville.

Il n'est pas facile à un nouveau venu de faire sa place dans la société de Québec. Le moineau en sait quelque chose, qui, au tournant de ce siècle, devint la cible d'une guerre poétique qui agita, on ne sait trop pourquoi, le clergé. Le petit moine (moineau), du seul fait de sa présence non désirée et de ses origines coupables, excita la fureur d'un grand moine, l'abbé Burque, lequel, au terme d'une épigramme féroce, prononça la condamnation ultime : « Ton digne sort/sera la mort ! » Outré par tant d'effronterie, un autre ecclésiastique, le père Fontanel, jésuite, saisit la plume pour prendre la défense de l'oiseau en des vers frémissants par lesquels le volatile put enfin s'expliquer :

Je mange tout ce que je trouve,

Animaux, herbe tendre, grain ;

À l'homme je vole du pain,

Au cheval ce qu'il désapprouve !

Cette noble intervention ne réhabilita pas pour autant les immigrants volants. Ils sont encore là, bien sûr, menant aujourd'hui une existence à la limite de la marginalité, égayant les gens simples par leur déni de l'hiver, enrageant toujours le chagrin des amateurs sophistiqués.

Les moineaux donc, avec les pigeons (premiers oiseaux domestiqués), avec mésanges, sittelles, sizerins, roselins, tourterelles, passent l'hiver à Québec. Ce sont des résidents permanents au même titre qu'un petit groupe de corneilles qui errent comme des ombres dans les cimes dégarnies et dans les parcs jusqu'à ce que les premières douceurs de mars les excitent et les poussent à crailler leurs messages de libération et leurs mises en garde : « Hé ! Levez-vous ! Un autre soleil va naître. Un autre jour nous est donné ! Citadins, attention aux galettes de glace fondante qui déboulent des toits ! »

Une fois le signal lancé par la grand'noire, le printemps peut débonder ses ruissellements d'eau de fonte, éclater en bombes de chaleur, transmuter les bancs de neige en tissus de cristaux éphémères, pousser dehors les frileux, multiplier les lunettes noires, faire voler tuques et parkas, parsemer les chemins de nids de poules, lancer l'une contre l'autre les glaces du fleuve qui geignent, crissent, cliquettent, s'étirent pour former des miroirs en forme de nuages, pour faire naître des lacs qui, au gré des marées d'équinoxe, vont vers l'amont puis redescendent à vive allure vers le golfe.

C'est le temps des visiteurs pressés qui font escale quelques jours dans la ville, en route vers les espaces natals : on entend brailler le Pluvier kildir ; l'Alouette

cornue grappille le sel au bord des routes ; les sansonnets s'époumonent sur les fils ; des mainates, sur les premières plaques de pelouse couchée, jettent des sons grinçants. Naître parfois est douloureux.

Et puis vient enfin le jour d'avril où les trompettes des oies sauvages électrisent le ciel de Québec.

J'étais justement dehors ce matin-là, devant chez moi, en train de creuser à la hache des rigolets dans la vieille glace du trottoir quand le cacardage me fit lever la tête. Elles étaient là, une bonne centaine, pointées vers l'est, alignées dans un dessin qui déjà commençait à se relâcher. Mon esprit tout de suite s'arracha de mon corps, je montai rejoindre la volée et, comme Nils Holgersson chevauchant à cru Akka de Kebnekaïse qui le conduisit dans un long voyage initiatique à travers la Suède, j'enfourchai l'oie-guide. Quels mots humains pourront dire ce que je découvris avec les grands migrateurs ? D'un seul regard, j'embrassai les principaux axes routiers filant vers l'estuaire, le damier polychrome des toits de la vieille ville, l'échancrure des quais, l'anse de Beauport, la côte de Beaupré montant doucement vers les Laurentides, l'île d'Orléans que je n'imaginais pas si boisée en son centre, les battures du cap Tourmente et, au loin, la côte du Sud, l'archipel de Montmagny, les îles effilées comme des canifs, à peine bombées au-dessus de l'eau. Enfin je comprenais le secret de la navigation des grandes oies : à cette altitude, elles glissent sur les vents continuels, sans presque un battement d'ailes, leurs forces ramassées dans cette vision où se déploie le tableau complet de leur destination printanière.

C'est là-haut également, à dos d'oie, que s'imposa à moi une évidence : toutes les villes sont construites à la campagne. La seule différence entre une petite ville et une mégapole, c'est que dans cette dernière, à partir du centre, on ne voit pas toujours très bien les points d'osmose entre la verdure et la vie urbaine, on oublie que derrière les faubourgs et la banlieue bruissent les champs et chantent les forêts. Québec est une ville où la nature est partout présente. Tournez sur la rose des vents, vous verrez quelque part les montagnes, le fleuve, des caps, des îles, des bois.

Nature en dehors, nature en dedans. Combien d'arbres poussent dans cette agglomération où la zone de rusticité de plusieurs espèces atteint sa limite ? Des millions sans doute. Si l'érable représente la moitié des essences de la forêt urbaine, on y trouve également des chênes, des frênes, des tilleuls, des épinettes, des bouleaux, des sorbiers, des féviers et même quelques ginkgos ou arbres aux quarante écus, une essence d'origine asiatique. Les villes sont peut-être les jardins de l'avenir.

L'arbre le plus noble de Québec, offrant une ramure ajourée à une altitude qui la soustrait aux sévices de la circulation automobile, est l'Orme d'Amérique. Chose difficile à croire, c'est un merle qui m'en fit connaître le plus remarquable spécimen. À cette époque j'habitais le quartier Montcalm et j'avais pris l'habitude, dès le mois d'avril, d'aller sur les plaines d'Abraham saluer les premiers musiciens de la saison. J'allais entrer dans le parc par l'avenue Wolfe-Montcalm qui mène de la Grande-Allée au Musée du Québec quand, à ma gauche, la claire turlute du merle, le premier beau chant du printemps, ravit mon attention. Il était perché dans l'un des deux saules qui ombragent le couvent des dominicains. J'admirai la haute

vigueur de ces fûts dont j'appris plus tard qu'ils comptent parmi les plus âgés et les plus sains de la capitale. Le merle s'envola en gloussant, traversa de biais le boulevard et se réfugia, plus loin vers l'est, dans un orme de forte taille qui perce le trottoir de la Grande-Allée au coin de la rue Salaberry. « Les ormes ne sont pas muets comme on pourrait le penser », écrivait Marie-Victorin. Celui-là, quand on l'écoute bien, raconte une histoire vieille de cent cinquante ans. C'est l'un des plus anciens, l'un des plus solides de la ville : une merveille. Je me promis bien de profiter de la belle saison pour faire connaissance avec les plus vieux feuillus de Québec.

Cette année-là, l'été naquit subitement dès la mi-mai avec trois jours de chaleur qui habillèrent les arbres et dévêtirent, dans les parcs, dans les coins de verdure et même dans les rues, les citadins à la peau blême. Ce qui poussa mes pas, une fin d'après-midi, vers la vieille ville, je ne saurais le dire, mais je me revois très bien, au bout de la rue Mont-Carmel, franchir le portail d'un des plus jolis lieux d'une cité qui en compte quand même et encore quelques-uns. C'est le point naturel le plus élevé de Québec et il est circonscrit par un mur de pierres où l'on avait établi, sous le Régime français, les premières fortifications. Oasis quasiment magique, le parc du Cavalier-du-Moulin reçoit l'ombre d'une dizaine d'arbres de haute apparence parmi lesquels se trouve une curiosité botanique. En plein centre du parc, sur une petite butte où dort un canon d'autrefois, pousse un catalpa, une espèce méridionale, sorte de légumineuse à larges feuilles et à longs fruits, qui normalement ne devrait pas survivre à cette latitude. Non seulement il subsiste depuis trente ans, mais il manifeste une singulière santé qui semble témoigner du fait qu'au cœur même de l'été règne en ce lieu protégé un été encore meilleur.

J'allais m'asseoir un moment sur le banc adossé au catalpa pour sentir quelle qualité d'ombrage pouvait offrir l'arbre rare, quand de la cime de l'un des grands feuillus ruissela une musique que je connaissais bien pour l'avoir maintes fois entendue dans la forêt. Un Viréo aux yeux rouges, petit oiseau à l'aise dans les hauteurs vertes, le plus souvent invisible, débitait son prêche énergique, interminable refrain fait de notes liquides où il m'a toujours semblé reconnaître des signes de notre langage. Pendant que mon regard courait sur les multiples éléments du décor, pendant qu'il venait discrètement voleter sur les nuques des trois jeunes filles assises en rond devant leur pique-nique étalé sur l'herbe, je répétais intérieurement les notes du Viréo, le seul chanteur dont on peut dire qu'il parle d'amour avec des chiffres. Du matin au soir, là où il a établi son gîte, le Petit Prêcheur répétera : « Chérie, ô huit. Chérie. Cinq, six, sept, huit, zéro. Chérie, ô huit... »

Le plein été, le vrai, le maître des forges, le seigneur des terrasses, le déployeur des planches à voile, l'accoucheur des papillons et des moustiques, celui qui vide les écoles et comble les hôtels, le plein été, c'est au moment du solstice qu'il se révèle vraiment. M'arrive-t-il, autour de la mi-juin, de marcher dans la ville, le soir, vers huit heures, je prête l'oreille et surveille le ciel. Une succession de « pint » nasillés trahissent leur présence. Là-haut ils dessinent un vol décousu fait d'arabesques, de chutes bourdonnantes et de brusques remontées. Ce sont les Engoulevents d'Amérique, reconnaissables à leurs longues ailes sombres traversées d'une bande blanche, qui gobent en plein vol les insectes soulevés au-dessus des flèches les plus hautes par les courants d'air chaud. Assurant pendant six semaines au cœur de la cité la présence de la nature sauvage, les engoulevents m'ont toujours fasciné, et je garde envers eux une dette ineffaçable depuis un certain soir de juillet 1976.

C'était l'une des nuits les plus moelleuses de l'été, de celles qui font sortir chaises et hamacs sur les galeries, de celles qui rassasient les festivaliers. La ville entière tintait de rythmes, de chants, de foules aux prompts applaudissements. Dans la cour intérieure du Petit Séminaire, sous les étoiles, un millier de personnes étaient réunies pour assister à un spectacle de musique et de poésie auquel je participais.

Vers le milieu de la soirée, à l'appel de mon nom, je m'avançai vers le micro du pas trop décidé de celui qu'habite le trac. Aveuglé par les projecteurs, je ne voyais devant moi qu'une masse de noir où étincelaient par instant un collier de prix ou une paire de lunettes. Au moment où le silence monta du parterre et où j'allai — enfin ! — lire les premiers mots de mon poème, une voix familière, dans le ciel, commença à émettre des signaux que j'interprétai comme des marques d'encouragement. C'étaient des engoulevents en chasse. Toute la soirée ils mêlèrent leurs cris pointus aux notes et aux paroles poussées par les amplis. Autour de minuit, la foule se dispersa et les musiciens rangèrent leurs instruments. Loin au-dessus de la capitale, les légers oiseaux nocturnes faisaient bombance de moustiques en lançant des appels qui, aurait-on dit, rejoignaient dans tous les sens d'autres cris aériens pour exprimer cette étrange énergie que la canicule allume dans tout ce qui vit à Québec.

Un peu pour reprendre mes esprits, un peu pour prolonger cette nuit parfumée, clef de voûte de l'été, je me dirigeai sur les Remparts et m'accoudai au parapet qui surplombe la rue Sous-le-Fort. Vers l'est, derrière le pont de l'île d'Orléans, les premières lueurs pâlissaient l'horizon. Est-ce la rumeur de la ville qui me souleva, ou le langage des engoulevents qui me héla ? Est-ce la grandeur et la respiration du paysage qui m'allégèrent ? Tout ce que je peux dire est que, sans trop m'en rendre compte, je volais.

FACE À L'UNIVERS

C e jour-là j'ai cru faire connaissance avec le mystère. Oh non pas un de ces mystères tapis sous les arcanes et sous les grandes questions ; seulement un mystère tout simple, presque palpable, juste assez inquiétant pour mettre un jeune esprit sur des pistes excitantes.

Je devais avoir dans les sept ou huit ans. Avec d'autres gamins je m'amusais dans un petit pré bordé de buissons épais qui se trouvait tout au bout de notre rue, la dernière du faubourg. Je fus subitement interrompu dans mes occupations par un drôle de sifflement aigu, saccadé, bien rythmé, qui montait du fond d'un taillis. Tous ensemble nous nous sommes précipités vers la source de cette petite musique. Aussitôt elle cessa. Les jours suivants je l'entendis de nouveau en me demandant qui pouvait siffler cet air insolite, à la fois enjoué et espiègle, qui me resta collé à l'oreille. Ce n'est que beaucoup plus tard que j'entendis parler du Petit Frédéric. De quoi avait-il l'air ? Je me doutais bien qu'il s'agissait d'un oiseau, mais de sa forme et de ses couleurs je ne pouvais rien savoir. Il me fallut plusieurs années pour mettre enfin sur ce sobriquet le nom réel du Bruant à gorge blanche. Mais la fine musique avait tracé sa voie et c'est elle, je crois bien, qui a allumé la passion que j'ai par la suite continué d'éprouver pour le chant des oiseaux. Encore aujourd'hui, à plus de quarante ans de distance, je demeure perplexe devant le mystère de cette musique qui contient, selon les mots du poète, tout le secret des choses.

L'univers sonore des oiseaux est vaste et complexe, vous en savez quelque chose. Qui désire en percer les subtilités — et en retirer les bénéfices — doit d'abord apprendre à s'y reconnaître à travers les diverses vocalisations. Le premier principe qui frappe l'esprit déjà aux aguets, c'est que pendant l'hiver les oiseaux ne sont pas du tout silencieux. Ils font entendre des cris variant de tonalité suivant les espèces, cris liés la plupart du temps à des fonctions bien précises. Ainsi le « chicadi-di-di » de la Mésange à tête noire est un cri de ralliement. Quand elle veut signaler un danger à ses congénères, elle utilise plutôt une sorte de « slitt-slitt » qui a pour effet de mettre la petite troupe sur un pied d'alerte. Il en est de même des clameurs nasillées du Geai bleu et des fébriles craillements de la corneille.

Le printemps venu, vous notez que les vocalisations se distinguent nettement des simples cris d'appel par une durée plus longue des phrases, par leur complexité, par leur richesse sonore et aussi, dans une certaine mesure, par leur volume. On dit que les oiseaux chantent. De quoi s'agit-il au juste ? Comment cela se passe-t-il ?

Suivez-moi. Je vous conduis dans les parages du chalet du bout de l'île, au bord de la grande batture, près du fleuve. Vers la mi-avril — la neige n'est même pas tout à fait fondue — nous arrive un petit oiseau brun et gris qui attire l'attention par le point noir qui marque le centre de sa poitrine et surtout par l'ardente gaieté qu'il met à produire ses notes claires suivies d'un gazouillis frénétique. C'est le Bruant chanteur, que certains nomment encore, à tort d'ailleurs, le Rossignol. Quand il chante, il se poste en évidence au faîte d'un arbuste ou sur un piquet de clôture. En observant bien son comportement on le verra changer souvent de position, pour chaque fois lancer à plusieurs reprises sa ritournelle. On remarquera également que ces perchoirs sont toujours les mêmes. Si l'on pouvait les relier l'un à l'autre au cordeau, on verrait apparaître une certaine géométrie. C'est le territoire de l'oiseau.

À quel manège se livre-t-il donc quand il vient pour chanter se poster aux endroits qu'il préfère ? Il vient placer des drapeaux ! Non pas des emblèmes visibles, mais des drapeaux sonores si l'on peut dire, qui ont la même signification que les couleurs flottant au vent. Par ces balises acoustiques l'oiseau signale à ses pareils qu'il est disposé à défendre l'étendue de terrain dont il a besoin pour établir un nid en toute sécurité, là où il trouvera la quantité de nourriture suffisante à la becquée.

Mais le chant n'a pas seulement une fonction d'avertissement ; il remplace en quelque sorte l'arme dont un propriétaire pourrait avoir besoin pour chasser les indésirables. On a mené un certain nombre d'expériences avec le Bruant chanteur justement. L'oiseau fut mis en cage et réintroduit sur son propre territoire. Même prisonnier, il se montrait capable, par son seul chant, d'en éloigner les rivaux. Mieux encore : un spécialiste américain raconte qu'un oiseau encagé, transporté sur un terrain déjà occupé par un mâle, obligea celui-ci, par la seule force de sa musique, à déclarer forfait et à s'établir ailleurs.

Ce sont en général les mâles qui chantent, pour prendre possession d'un domaine au début de la saison propice. Leurs vocalisations ne servent pas seulement de drapeaux sonores, elles permettent également d'attirer l'attention des femelles qui, une fois à l'intérieur des cordeaux invisibles, seront l'objet d'assiduités où le chant joue le premier rôle. L'observation attentive du Bruant chanteur — toujours lui ! — permit d'établir en cette matière les premières certitudes. Avant la formation du couple, le petit bruant débite jusqu'à deux cents chants à l'heure. Dès que le nid est construit et que la femelle s'installe sur ses œufs, le mâle, en une heure, ne chante plus qu'une cinquantaine de fois.

Le Bruant chanteur n'est pas le seul musicien à fréquenter le lieu où je vous ai conduits. Tout à l'arrière de la maison s'élève un escarpement où prennent racine de gros arbres : ormes, érables, bouleaux. Dans ces frondaisons épaisses on entend, vers la fin de mai, un chant exquis rappelant le ramage de notre merle, mais avec des notes plus cristallines, plus finement liées entre elles et se terminant sur un sifflement interrogatif. Ainsi s'exprime le Gros-bec à poitrine rose. Tout un été et jusqu'au jour où cette splendeur emplumée est venue se rompre la nuque dans la fenêtre de l'est, j'ai suivi les mouvements et les manières du Gros-bec, qui affiche sur sa poitrine blanche un triangle d'un rose indéfinissable, profond, tonique. Et comme je connaissais un autre couple nichant ailleurs, chez un ami, à bonne distance de chez nous, je demeurai perplexe devant le fait que les deux chants différaient ; par des nuances minimes, il est vrai, mais quand même perceptibles. J'entrepris alors des consultations et des recherches qui révélèrent des conclusions étonnantes. Jusqu'alors j'étais convaincu que tous les oiseaux de la même espèce possédaient une ligne mélodique, un rythme, une tonalité identiques. En un mot je croyais que le chant était complètement inné. La réalité allait me détromper.

Une fois de plus le Bruant chanteur a servi de sujet d'expériences. Les examinateurs ont noté que des pinsons élevés loin de leurs parents possédaient un chant dit « anormal », un informe gazouillis qui n'éveillait aucune réaction chez leurs semblables. Si l'on plaçait en revanche ces jeunes dans l'entourage de mâles chevronnés, on voyait leur chant adopter la norme de l'espèce. Voilà donc ce qui importait : les oiseaux n'étaient plus, comme certains se plaisent encore à le répéter, de parfaites machines biologiques au cerveau programmé, reproduisant des données inscrites dans leurs gènes depuis la nuit des temps ; ils étaient donc sensibles à l'apprentissage, possédaient un langage doué de nuances personnelles et devenaient de ce fait pour moi encore plus captivants.

Et si j'essayais maintenant, ne fût-ce que pour satisfaire la fibre rationnelle de certains lecteurs, d'établir une définition du chant de l'oiseau ? Ne sommes-nous pas fondés à écrire, à la lumière de ce qui précède, qu'il est constitué par une variation de l'air dans le syrinx ... ? Oui, bien sûr, il en va ainsi pour la majorité des passereaux. Mais qu'arrive-t-il du tambourinage des pics et de la gélinotte, par exemple, du hululement des chouettes et des tourterelles, de la croule de la bécasse et du chevrotement de la bécassine, pour ne nommer que des manifestations spectaculaires ?

En tenant compte de toutes ces variations, les ornithologistes ont coutume de définir le chant de l'oiseau comme « une série de sons constamment répétés suivant une séquence spécifique émise en général par le mâle, le plus souvent au cours de la période de reproduction ». Pendant des années j'ai accepté sans discussion ces idées qui ne laissent aucune ouverture à l'imagination. Puis j'ai entendu chanter le Pioui de l'Est ! Vous le connaissez, n'est-ce pas, ce petit moucherolle qui perce le feuillage des grands arbres de son chant pointu. « Piouiii », lance-t-il sur un ton interrogatif et vaguement mélancolique. Ce qui est moins connu, c'est que, aux toutes premières lueurs du jour, le Pioui émet un autre chant plus complexe, plus élaboré, composé de trois phrases distinctes, variées à l'infini. Quand j'ai entendu ces modulations pour la première fois, je me suis dit : « Mais il improvise ! Il est donc capable de sortir d'un déterminisme figé et d'affirmer une fantaisie dont il est le seul maître ! »

Au chapitre de l'improvisation, je l'avoue, je n'étais pas au bout de mes surprises. J'allais découvrir des virtuoses autrement plus brillants chez des oiseaux qui non seulement modifient diverses lignes mélodiques héritées à la naissance, mais savent mémoriser un certain nombre de chants d'autres espèces et les incorporer à leur propre bagage. Ce sont les Moqueurs, membres d'une famille restreinte aux Amériques, dont certains, que je connais mieux, circulent dans d'autres parties du présent livre. Si je les mentionne ici, c'est pour avoir le plaisir de les saluer une fois de plus et aussi pour signaler l'existence du plus époustouflant peut-être de tous les imitateurs, l'Oiseau-lyre, volatile qui fréquente les broussailles humides de l'Australie et dont la longue queue faite de plumes souples comme celles du paon, se déploie, au moment de la parade d'amour, au-dessus de son dos en dessinant les cordes et le cadre d'une lyre parfaite. Le *Manerba superba* (c'est son nom scientifique) est un véritable phénomène vocal, habile à reproduire en une cascade échevelée à peu près tout ce qui peut s'entendre dans son entourage. Cela va de la mitraille d'une arme automatique au galop d'un coursier en passant par des vocalisations d'une musicalité émouvante. Fasse le sort que je ne quitte pas ce monde sans l'avoir entendu, ne fût-ce qu'une heure, dans son milieu naturel.

Une question a longtemps occupé mon esprit. Pourquoi tous ces imitateurs ont-ils mis au point, au cours de ce que l'on nomme l'évolution, un programme aussi copieux et d'une telle portée ? On a depuis peu émis l'hypothèse suivante : se pourrait-il qu'un oiseau doué d'un répertoire plus nourri, plus sonore, soit plus éloquent devant ses semblables et muni de meilleurs atouts pour l'affirmation de ses droits de propriété et, dès lors, pour la recherche d'une compagne ? Il a été établi en tout cas que les individus possédant un chant résolu jouissent souvent d'un domaine plus vaste.

En fait, pourquoi l'oiseau ne prendrait-il pas simplement du plaisir à varier son chant et, comme c'est le cas avec les Moqueurs, à jouer avec les sons ? Cette question n'est pas innocente puisqu'elle laisse entendre que ces animaux seraient d'une certaine manière conscients de ce qu'ils font. C'est peu probable. Mais je n'hésite pas à dire que l'oiseau ressent quelque chose d'analogue à des sensations et que le chant sert en partie à les exprimer. Une chose est certaine : voilà un être mû par une énergie irrépressible, débordante. Bouillonne en lui une plénitude vitale. L'ornithologiste Jacques Delamain croit quant à lui que l'oiseau libère une partie de cette vitalité en chantant, opinion qui a le mérite d'expliquer les chants émis en dehors de la saison des amours et que Henry David Thoreau appelle « les chants émotionnels ».

Je regardais l'autre soir s'exécuter un Moqueur chat sur la branche inférieure de l'épinette blanche qui pousse à deux pas de mon perron. Le chanteur participait de tout son corps à la musique qu'il offrait avec une ardeur fébrile. Sa tête était inclinée vers le ciel, ses ailes frémissaient, sa queue se rabattait contre la branche avec des mouvements saccadés. Cette simple observation m'a confirmé un peu plus dans la certitude que l'oiseau, quand il chante, exprime un trop-plein de vie. Ces émois, ces « affects », n'ont sans doute rien à voir avec ce qui nous remue, nous, mais pourquoi ne pourraient-ils pas traduire une forme de l'euphorie, un feu, une certaine chaleur d'être en vie ? Pourquoi les oiseaux seraient-ils insensibles à la musique qu'ils modulent ? Pourquoi ne chanteraient-ils pas tout simplement parce que les étoiles naissent dans le brasier des galaxies, parce que les constellations sont des troupeaux de guides, parce que chaque matin est le début du monde, parce que les feuillages, les vagues, les torrents sont musique, parce que les cellules de l'été sont en feu, parce que les champs ondulent et que les arbres respirent, parce que la lumière, même petite, fait chanter ce qui vole, ce qui est léger, ce qui déborde dans le vent ?

Ces questions, je me les pose chaque fois que j'entends chanter les grives.

Ah les grives ! Elles ne sont pas les plus claironnantes, elles n'ont pas de talent pour les expressions tumultueuses, pour les grands airs qui réveillent. C'est à l'aube et surtout au crépuscule — heures privées de vent — qu'il faut aller les entendre à la lisière des bois épais. Quand dans ces moments-là on sait faire un peu de paix en soi-même, on devient tout à coup comme plus sensible à la richesse sans pareille de cette musique née à fleur de terre, qui monte et qui se diffuse dans l'air calme. Les grives disent un chant de voûte grave et gracieux, comme une eau qui coulerait vers le haut et qui, en culminant, se transformerait en infimes cristaux de sons.

Avez-vous déjà entendu la Grive des bois, la plus connue de nos grives ? Comment un être peut-il arriver à faire se succéder dans son gosier les notes les plus cristallines, les plus veloutées, à les intégrer dans un rythme, à les transposer en tonalités si variées ? Voilà un autre des petits mystères qui encore aujourd'hui me traversent.

Si le chant de la Grive des bois contient une musicalité qui ne manque jamais de répandre la paix dans la sensibilité de l'auditeur humain, celui de la Grive solitaire est encore plus prenant. Il me fut donné un jour de l'entendre dans des circonstances inoubliables...

Il y a une dizaine d'années, vers la mi-juillet, avec les miens et quelques Montagnais, je quittais le village de Mingan, sur la Basse-Côte-Nord. Au début de la soirée nous nous dirigeâmes vers le lac, en retrait de la réserve, pour prendre l'hydravion qui devait nous ramener à Québec. Après de longs moments d'attente, nous nous sommes finalement rendu compte qu'un brouillard très dense glissait sur l'eau et enveloppait la forêt d'épinettes autour de nous. L'obscurité bientôt se mêla à la brume, en l'épaississant. « Pas d'avion aujourd'hui. Demain peut-être », dit calmement quelqu'un du groupe. Nous allions quitter les lieux quand soudain, à proximité de l'embarcadère de planches, nous fûmes visités par une musique d'une fraîcheur et d'une profondeur saisissantes, musique amplifiée par l'humidité et le silence d'ouate. La Grive solitaire lançait ses strophes argentines, entrecoupées de longues pauses. Chez elle la trame mélodique est toujours la même, mais s'ordonne sur deux tonalités différentes, ce qui donne au chant son caractère émouvant. Le désagrément de devoir différer notre départ, le début d'angoisse qui s'installait, tout fut effacé par ce baume qui s'appelle chant limpide d'un oiseau du soir.

La beauté du chant des grives, comme celui de maints autres passereaux d'ailleurs, demeure pour moi impénétrable. Comment l'oiseau arrive-t-il, avec seulement quelques notes, à nous émouvoir à ce point, à traduire nos propres sentiments ? Nous sommes en réalité si dépourvus quand vient le temps de dire ce que nous éprouvons face à l'univers. Nous ne savons pas très bien qui nous sommes dans cette organisation dont le secret nous échappe. L'oiseau, lui, est incarnation sonore de l'espace ; sa musique est elle-même espace, elle en traduit sur-le-champ toute la complexité. C'est tout à coup l'espace entier qui nous envahit ; nous devenons l'intérieur de l'espace où résonne le chant de l'oiseau. Pour un moment, trop bref hélas, nous sommes comblés.

UN MÉNESTREL EXPLOSIF

Les soudaines apparitions de la beauté animale, les moments qui délivrent de la torpeur, qui enflamment le pouls et qui font accéder sans effort à un surcroît de réalité, vous en avez un goût si vif que rien ne vous retiendrait au lit, ces matins de la fin mai où les oiseaux de passage s'expriment autour de chez vous.

Dès l'aube vous voilà sur pied. Vous avez déjeuné, vous avez préparé votre attirail et, avant de sortir, vous avez attrapé votre longue-vue et votre carnet. Mais vous n'aviez pas compté avec ce damné vent d'est qui brasse les feuillages au point d'en chasser toute autre musique. Vous poursuivez quand même votre marche le long de la batture en direction de l'ouest, là où la saulaie se transforme en un bois sauvage, hirsute, malcommode. Vous enjambez des troncs, vous pataugez dans des fonds mous, vous vous heurtez finalement à un mur végétal fait de halliers et de fourrés épais. De l'autre côté, à l'abri du vent, vous débouchez sur une clairière spacieuse qui est en fait un pâturage bordé de haies et de bosquets. Le spectacle qui s'offre alors vous comblera au-delà de toute attente.

Vous accueille d'abord un feu d'artifice sonore, une cascade de notes effervescentes. Un ballet coloré s'anime devant vous. Il y a là six ou sept oiseaux de la grosseur d'un moineau, remarquables par leur dos blanc et noir où clignote à hauteur de la nuque une tache couleur chamois. Ils volettent d'une tige à l'autre, prennent leur essor pour pétiller un moment dans l'air, se posent sur des branches basses pour redescendre l'instant d'après et venir chanter sur un piquet de cèdre. Restez à l'affût : vous êtes en train d'assister à une fête frénétique, à une sorte d' *enterrement de vie de garçon* où la plus folle musique est de la partie.

Ces oiseaux sont des Goglus mâles qui s'amusent en groupe à l'approche des activités plus sérieuses de la reproduction.

Des Goglus ? Mais oui, des G-o-g-l-u-s. Il s'agit d'un nom populaire qui s'est imposé au Québec, supplantant celui d'Ortolan de riz qu'on cherchait encore à lui donner au début du siècle et qui est tout à fait impropre. Le mot « goglu », déformation de « goguelu », est un vieux mot dialectal qui signifie dans certaines régions de France :

fanfaron, présomptueux, ou bien : plaisantin, hâbleur. Ces diverses significations ont sans doute été renforcées par le chant lui-même, plus précisément par les deux premières syllabes glougloutantes, sorte de *guing-gong*, avec lesquelles le Goglu amorce sa ligne musicale. Son nom anglais est Bobolink. Étrangement c'est sous ce vocable que le connaissent les ornithologistes de France.

Au printemps, en été, saisons des couleurs nuptiales, rien n'est plus aisé que de reconnaître un Goglu. En Amérique du Nord, aucun autre oiseau des champs ne possède un plumage aussi insolite. Comme pour faire exception à la loi générale qui veut que la faune ailée, pour des raisons de camouflage, ait le dos foncé et la poitrine plus pâle, le Goglu, lui, offre un ventre noir et un dos, des ailes et un croupion traversés par une large bande blanche en forme de Y. Il porte en évidence à la nuque une tache d'un vieux jaune qui lui donne un air engoncé, drôle, un peu irréel. Familier des terrains ouverts, il manifeste une prédilection pour les champs de foin et de luzerne qu'il transforme en lieux de fête par sa spontanéité communicative et ses manières frénétiques. On l'a qualifié d'« élégant ménestrel des prés », formule qui lui sied de pied en cap.

Au mois de mai donc, les Goglus nous reviennent. Les premiers arrivants sont des mâles réunis en petites bandes et qui devancent les femelles de quelques jours. Il n'est pas rare d'en apercevoir une bonne demi-douzaine occupés, dans un champ, à prendre possession du terrain, à élire des territoires qui ne seront, chez cette espèce d'allure insouciante, jamais très vastes et qui ne seront pas défendus avec beaucoup d'ardeur. C'est à cette époque que les oiseaux sont les plus spectaculaires et qu'ils participent à ces festivités débordantes. Vous les verrez aisément, à la campagne, près des routes, perchés sur une clôture ou se balançant au sommet d'une longue tige végétale. Si vous prenez le temps de vous arrêter, vous en verrez un monter soudainement dans les airs, redescendre, ailes frémissantes, survoler le terrain à l'horizontale et s'agripper à une hampe qui oscille un moment sous son poids. Les festoyeurs parfois se poursuivent jusque dans les arbres, sautillent sur les branches, se prennent en chasse sur de courtes distances avant de disparaître dans les foins. Ces vols exubérants s'accompagnent toujours de leur chant le plus accompli.

Surviennent au bout de quelques jours les femelles, qui sont tellement différentes des mâles qu'elles semblent appartenir à une autre espèce. Elles sont, par leur plumage coloré de jaune, de beige et de brun, les avatars animés, les émanations emplumées des végétations mûres.

Dès leur arrivée la fête se transforme en une cérémonie endiablée où alternent les vols nuptiaux, les concours de chant entre mâles, les courses froufroutantes à ras des foins où une femelle, poursuivie par deux prétendants, s'amuse, dirait-on, à leur lancer des « attrapez-moi-si-vous-le-pouvez ! ». Mais la plupart du temps la femelle se tient sur la réserve. Dissimulée sous la végétation, elle attend que la débusque celui qui viendra la courtiser au sol. Pour cet office il ne manque d'ailleurs pas d'atouts. Le voici donc en place devant elle : queue déployée, esquissant des jeux de gorge, le bec pointé vers le bas, les ailes à demi ouvertes, il exhibe en l'épanouissant la houppette ocre pâle qui colore sa nuque, tout en murmurant des « notes douces comme le miel ». Mais amollir la retenue d'une femelle ne va pas de soi. Il en faudra des courbettes, des démonstrations de couleurs, des gazouillis accompagnant des vols exaltés avant qu'elle accepte enfin de prendre asile dans le territoire choisi par le mâle.

Le pacte enfin scellé, elle s'occupe tout de suite de la construction du nid. Ce nid est une merveille. Non pas tant par l'architecture que par le soin mis à le dissimuler. Vous savez qu'il est là quelque part dans ce pré, mais tenter de le découvrir, quelle aventure ! Détrompez-vous si vous comptez le repérer en observant les déplacements de la femelle ; celle-ci, pour ourdir la légère coupe de brindilles qu'elle établira dans une dépression ou un simple trou creusé par un tracteur ou le sabot d'un ruminant, recueillera ses matériaux le plus près possible de son affaire. Et comme pour éprouver votre patience, une femelle Goglu ne s'envolera jamais directement de son nid,

elle se faufilera sur une bonne distance à travers la végétation avant de battre des ailes. De même, elle veillera à
regagner ses œufs — couleur de terre et de cailloux — en
adoptant une approche où la prudence le dispute à la
circonspection. Pas de feintes plaintives chez ces oiseaux,
nulle tactique de diversion ; ils ont dans le parfait camouflage de leur gîte une absolue confiance. La femelle semble,
au surplus, savoir qu'elle est quasi invisible quand elle se
risque à pointer la tête au-dessus des herbes, les rayures de
son plumage se fondant avec le terrain.

Le nid du Goglu est à ce point difficile à trouver
qu'un très sérieux ornithologiste, l'Américain Arthur
Bent, a cru bon de présenter une technique de son inven-
tion pour en permettre le repérage. Il propose aux déni-
cheurs de courir dans tous les sens, comme des épouvan-
tails affolés, à travers un champ jusqu'à ce qu'une femelle
s'envole. Alors ils se couchent sur le sol en attendant son
retour. Il ne reste plus à ces opiniâtres, qui ont pris soin de
remarquer l'endroit où elle se pose, qu'à ratisser le champ
sur une superficie égale à celle d'un court de tennis. Bonne
chance !

Rien n'est plus remarqué, dans le pâturage qui s'étend
près de chez nous, au bord du fleuve, que le moment où
les Goglus cessent de chanter. S'il est un chant capable de
produire un effet d'entrain, de joyeuse ferveur, d'explo-
sion de frénésie, c'est bien le sien. Vers quinze heures,
le 30 mai 1979, pendant un quart d'heure, un Goglu a

chanté cinquante-deux fois. Il s'exécutait aussi bien en vol que posé sur un arbuste ou sur un piquet de clôture. Il est même venu débiter quelques mesures dans les buissons de physocarpe, sous ma fenêtre. L'entendre de si près me permit de constater à quel point ce chant est unique, par sa force d'abord, sa vivacité, et par cette impression d'exaltation et de mécanique emballée. Chant difficile à décrire, malaisé à enregistrer, impossible à imiter. Même l'étincelant Moqueur polyglotte ne se risque pas à copier l'inimitable Goglu. C'est beaucoup dire.

Écoutez bien cette succession rapide de tintements, de gazouillis, cet ensemble étonnant de notes émises sur tous les tons. C'est par un ou deux sons plutôt graves que le chant débute (le « guing-gong » dont nous parlions tout à l'heure). Puis les fréquences augmentent pendant qu'il s'accélère, pour se terminer en une sorte d'embrouillamini froufroutant. Certains observateurs trouvent que les premières notes vibrent d'un timbre plus riche et que cette qualité diminue à mesure que le chant progresse. C'est là bien sûr une illusion due aux limites de l'ouïe humaine. Les notes rapides ont des fréquences tellement élevées que les harmoniques captées par notre oreille se font de plus en plus rares à la fin du chant. Mais, pour un Goglu, toutes les notes ont la même qualité du début à la fin.

Autrefois, bien avant qu'une loi ne vienne protéger les oiseaux chanteurs, les Goglus faisaient les délices des amateurs de musiciens encagés. On appréciait ce chant allègre,

cette série de notes glougloutantes, chacune rappelant le
« plink » de la corde pincée. On a compris aujourd'hui
— du moins aimé-je à le croire — qu'il est plus enivrant
d'aller entendre l'oiseau dans la grande volière sans bar-
reaux. Le Goglu, quant à lui, gagne à être vu pendant qu'il
produit sa musique, car c'est en vol, au moment où il
papillonne, ailes frémissantes, à faible hauteur au-dessus
des champs, que son ramage acquiert sa pleine splendeur.
Le chanteur s'efforce d'extraire de lui-même une telle
intensité sonore qu'on craint de le voir littéralement explo-
ser et « s'évanouir en un nuage de plumes » !

Un tel artiste vocal suscite bien sûr les éloges. Arthur
Bent écrira : « Le chant du Goglu, c'est un délire bouillon-
nant de musique envoûtante qui fuse du gosier de l'oiseau
comme un vin pétillant. » Un autre Américain exprime
ainsi son ravissement : « Le chant est une folle et noncha-
lante fantaisie, une irrésistible irruption d'allégresse. »

Au XIXᵉ siècle, le poète William Cullen Bryant a
dédié une ode à celui qu'il nomme Robert of Lincoln.
(C'est ce nom, semble-t-il, qui, sautant de Robert en Bob,
de Lincoln en Link, a finalement formé Bobolink.) Le
premier, Bryant s'est essayé à traduire en langage humain
le chant : « Bobolink, bobolink, spink, spank, spink ! » On
conviendra que pour une plume exercée cela est un peu
bref. Un autre écrivain des États-Unis, rompu celui-là aux
subtilités du vocabulaire commercial, a cru entendre dans

la chanson du Bobolink le message suivant : « Tom Noodle, Tom Noodle, you owe me, you owe me, ten shillings and six pences. » À quoi semble répondre un mâle voisin : « I paid you, I paid you, you didn't, you didn't, you lie, you lie, you cheat ! »

Mais la plus étonnante, la plus amusante transcription du chant du Goglu est celle que l'ethnologue Luc Lacourcière avait recueillie auprès d'un cultivateur et qu'il m'a un jour confiée de mémoire. Selon M. Florent Lemay, de Lotbinière, le Goglu dirait : « Siliking. Siliking. Du gobelis. Du gobelis. Spiritus, spiritus. Sacré Baptiste Pérusse, Pérusse. Zing, zing, zing, dans le foin ! »

* * *

Vers la fin de juillet, les Goglus subitement disparaissent. Où sont-ils donc ? Ils sont tout simplement à se faire tailler un nouveau costume. En réalité, ils sont en train de muer. Le mâle sortira de sa retraite tout à fait transformé ; on dirait un tout autre oiseau. Volatilisé, le beau costume noir et blanc. Tous les Goglus maintenant se ressemblent : mâle, femelle et immatures arborent la même tenue de voyage plutôt jaunâtre, striée de brun et de beige. On en voit, au mois d'août, des petites bandes fréquenter, presque silencieuses, les pâtures ou les grèves herbeuses. À cette époque ils sont devenus végétariens. C'est en grappillant graines et grains qu'ils amorcent l'impensable voyage qui les conduira, d'escale en escale, jusqu'à l'hémisphère austral.

Depuis un demi-siècle, des populations de Goglus se sont aventurées jusqu'aux Prairies canadiennes. L'automne venu, au lieu de gagner le Sud par le centre du continent, en suivant le Mississippi par exemple, ces groupes se livrent à une bizarre migration d'ouest en est pour venir rejoindre leurs congénères d'ici, qui, eux, suivent pour leurs migrations saisonnières la route ancestrale de la côte atlantique.

De pré en pré, de champ de trèfle en culture de maïs, les voilà arrivés, à mesure qu'avance l'automne, dans le Sud profond. Leur nom de Bobolink, qu'ils portent encore dans les États du Nord, vient lui aussi de muer. On les appelle maintenant : Ricebirds (oiseaux de riz). Au siècle dernier, les paysans de la Caroline du Sud maudissaient ces volatiles qui survenaient en volées considérables dans leurs rizières. Les chasseurs en abattaient des quantités inouïes. En une seule année, soixante mille douzaines de Ricebirds furent vendues sur les marchés de New York et de Philadelphie. Aujourd'hui les rizières sont rares sur leur route, la loi de 1913 les protège des tireurs, mais le nom de Ricebird leur est resté.

À la fin de l'automne, les Goglus arrivent en Floride. Vont-ils, à l'instar de tant d'autres migrateurs, y passer l'hiver ? Non. Leur voyage ne fait que commencer.

Imaginez pour le moment que vous êtes sur la côte floridienne, face à l'océan. Quelles sont, au large, les îles assez vastes pour offrir le gîte et le couvert à des multitudes d'oiseaux ? Deux terres seulement : Cuba et la Jamaïque. Des millions d'oiseaux de soixante espèces différentes traverseront d'une traite les deux cent quarante kilomètres séparant les Everglades de Cuba. La moitié y trouveront asile pour l'hiver. Les autres n'hésiteront pas à parcourir la distance séparant Cuba de la Jamaïque. Là, incidemment, le Goglu adopte un nouveau nom. Il est si dodu, si replet de grasses graines, si recherché comme chair à ragoût, que les Jamaïcains l'ont très vite gratifié du nom de « Butterbird ».

Mais le terme de son périple n'est pas encore atteint.

Le tiers seulement de tous les migrateurs d'Amérique du Nord quitteront les montagnes boisées et les cultures de l'île antillaise pour s'aventurer une fois encore au-dessus de l'océan. De là ils pousseront jusqu'en Amérique du Sud après avoir survolé la mer sur une distance de huit cents kilomètres. Par le nombre le Goglu est leur chef de file. Si bien que cette route migratrice porte, sur les cartes ornithologiques, le nom de Bobolink Highway. Ce périlleux itinéraire (Floride-Cuba-Jamaïque-Amérique du Sud), le Goglu le partage avec les Viréos, le Tyran Tritri, les Engoulevents, les Coulicous, la Grive à joues grises, l'Hirondelle des sables. Mais la côte du nouveau continent ne marque pas encore la fin de son voyage. Le Goglu traversera le Brésil pour gagner la pampa argentine, où enfin il s'arrêtera. En trois mois il aura franchi les onze mille kilomètres séparant les prés du Québec des prairies voisines de la Terre de Feu. Imaginez quel trajet annuel représentent de tels déplacements et vous comprendrez pourquoi le Goglu est considéré comme le plus tenace migrateur parmi les passereaux du Nouveau Monde.

C'est toujours aussi explosif, aussi fraîchement paré, après la mue d'hiver, de ses couleurs nuptiales, que l'oiseau nous revient au mois de mai. Quand je pense à cette pétillante vivacité, quand je pense à cette force ramassée dans un être si menu, à cette farouche volonté du voyage, à cette connaissance instinctive des géographies d'en haut et d'en bas qui l'aidera à naviguer pendant les nuits d'automne et de printemps, je vibre d'un sentiment proche de l'émerveillement. Avec Saint-John Perse je lui adresse ce témoignage : « L'oiseau, de tous nos commensaux le plus avide d'être, est celui-là qui, pour nourrir sa passion, porte secrète en lui la plus haute fièvre du sang. »

LES CARNETS
DE L'HOMME-FORÊT

Le 11 juin

En compagnie des frênes, des bouleaux, des érables, des pommiers, des foins, des « sept-écorces », des merisiers, des aulnes, des saules, des asters, des « choux puants », des fougères, des hirondelles, des corneilles, des bourdons, des mouches, des nuages, des frelons, des bouteilles d'encre, des cahiers, de la lampe, du sous-main, de l'étagère aux livres ; accompagné par le poêle, la bouilloire, les chaises, le divan-lit, les pinsons, les grives, les montagnes, le fleuve, le rire des enfants de l'autre côté du petit bois, la piste des avions, l'horizon et l'air que je respire dans mon petit chalet, je vais me mettre au travail quand un bourdonnement insolite me fait tourner la tête vers la porte grillagée. M'a-t-il vu, le colibri qui, immobile dans l'air, s'applique, du moins je le crois, à gober les insectes

minuscules collés à la moustiquaire ? Ému par cette visite
inopinée, je lui lance : « Salut, petit superlatif ! »

Il poursuit un moment sa besogne et s'envole aussi
prestement qu'un bourdon. À l'instant même je prends la
décision d'entamer le présent carnet où je noterai, cette
saison, ce que l'oiseau-mouche m'apprendra et ce que je
connaîtrai de lui.

Le 12 juin

Si j'ai spontanément employé le mot « superlatif » pour
saluer mon visiteur d'hier matin, ce n'est sûrement pas
parce que j'étais aux prises avec quelque problème de gram-
maire (cela m'arrive plus souvent qu'à mon tour) ; je voulais le nommer ainsi parce qu'il est à proprement parler un
phénomène, un excessif, un être doué de qualités extrêmes.

La vie ne s'est-elle pas offert un étrange cadeau en le
plaçant dans l'arbre des espèces vivantes ? N'a-t-elle pas,
pour le faire naître, procédé à un assemblage compliqué
d'éléments divers, poussant à ses ultimes conséquences la
diminution de la taille chez un être à sang chaud doué de
la faculté de voler ?

Il est, le colibri, celui parmi les oiseaux qui a atteint
des limites à peine concevables dans la direction de la petitesse. Comme par magie, il se plaît à accumuler les records
et les performances ; on se demande, à le voir, si on est
bien en présence d'un oiseau ou devant un être hybride
mêlant en lui l'insecte, l'animal et la pierre précieuse.

Pourtant il est aussi oiseau que le sont l'aigle, la corneille et le canard. Mais avec quelle passion pour la différence ! N'essayez plus d'imaginer ce que la nature peut inventer d'incroyable : vous l'avez déjà avec l'oiseau-mouche.

Le 13 juin

En 1623, le frère Gabriel Sagard, convers chez les récollets de Paris, prend place à bord d'un bâtiment qui, au terme d'une traversée de trois mois, remonte le Saint-Laurent et vient mouiller devant Québec, petit poste du Nouveau Monde ne comptant alors qu'une cinquantaine d'habitants. Mais ici n'est pas le terme de son voyage. Atteindre le pays des Hurons pour aller y convertir les âmes, voilà le seul désir et la véritable mission du religieux-voyageur.

Deux mois plus tard il est en route, et c'est alors que le saisissent l'immensité écrasante des nouveaux paysages, la variété des plantes, le foisonnement des animaux inconnus. Parmi les représentants de cette faune inouïe, il en est un qui le séduit dès qu'il l'aperçoit. Et c'est en des termes d'une finesse et d'une couleur remarquables que notre premier naturaliste entreprendra plus tard de le décrire :

Premièrement, je commenceray par l'Oyseau le plus beau, le plus rare et le plus petit qui soit, peut-être, au monde, qui est le Vicilin ou Oyseau-mouche, que les Indiens appellent en leur langue Ressuscité. Cet Oyseau, en corps, n'est pas plus gros qu'un grillon, il a le bec long et très-délié, de la grosseur de la pointe d'une aiguille, et ses cuisses et ses pieds aussi menus que la ligne d'une escriture (...) Il se nourrit de la rosée et l'odeur des fleurs sans se poser sur icelles ; mais seulement en voltigeant par dessus. Sa plume est aussi déliée que duvet, et est très-plaisante et belle à voir pour la diversité de ses couleurs.

Voilà certainement le premier beau texte écrit en langue française à propos du Colibri à gorge rubis, le seul de sa vaste famille à fréquenter la vallée du Saint-Laurent.

Le 20 juin

Depuis deux jours, un colibri privé de son joyau de feu à la gorge (est-ce un jeune ? une femelle ?), vient faire la ronde des branches d'épinette autour du chalet, s'attardant au bout de chaque rameau qu'il inspecte avec minutie, comme s'il cherchait quelque chose de précis. Peut-être est-il en quête de menus insectes ou tente-t-il de saisir un peu de gomme.

Puis, avec des manœuvres bizarres, pivotant, reculant, il change d'arbre et le voici maintenant à exécuter le même manège à l'extrémité des branchettes violacées du bouleau.

Chaque fois qu'il apparaît, sa présence m'est signalée par ce bourdonnement des ailes si particulier, qui ne peut être confondu, quand on l'a bien fixé dans sa mémoire, avec aucun autre, ni le vrombissement du bourdon, ni celui du sphinx.

Le 23 juin

Visite à Petite-Rivière.

Notre amie Albertine me raconte ce qui vient d'arriver. Sous son abri d'auto percé de grandes fenêtres où prospèrent les géraniums, elle a aperçu, un peu après le déjeuner, un colibri empêtré dans une toile d'araignée et qui se débattait fort. Malgré ses soixante-quinze ans, Albertine a grimpé sur l'escabeau, au risque de se rompre l'échine, et s'est portée au secours de l'oiseau ; elle l'a pris dans sa main, l'a senti frémir, puis l'a apporté dans la cuisine avec l'intention de lui offrir un peu d'eau. Au bout d'une minute, il était mort. « De panique peut-être, d'avoir été empoigné par un monstre ! » dit-elle. Albertine n'est pas grande, mais il est vrai qu'au regard d'un oiseau-mouche, c'est la mère des Titans ! « Son cœur a dû flancher, vu qu'il ne présente aucune blessure », ajouta-t-elle en m'apportant le cadavre.

C'est un mâle. La bavette rubis flamboie quand on l'observe sous le bon angle.

Les fines plumes de son dos sont saupoudrées d'émeraude. Celles des ailes sont brunes, privées de tout reflet métallique.

Ces ailes me semblent tout à coup bien étroites. Elles n'offrent aucune articulation et se brisent, dirait-on, à la jointure du corps. Si petites et si longues pourtant, si on les compare au corps même de l'oiseau. Où ai-je lu jadis qu'un oiseau-mouche de la taille d'un cygne aurait pour voler des ailes longues de dix mètres ?

Je m'émerveille de la longueur, de l'acuité du bec, et de la langue en forme d'aiguille malléable qui en sort. Avec une loupe, je distingue le petit pinceau qui en fleurit l'extrémité et qui est l'outil rendant l'oiseau habile à puiser le nectar au fond des fleurs et à engluer les bestioles microscopiques.

Étrange sensation que de tenir sous mes doigts cet être condensé, si parfait avec toutes ses plumes, tous ses organes, tous ses muscles, tout ce qui enfin lui permet d'effectuer chaque jour, à une vitesse fulgurante, des trajets qui, mis bout à bout, seraient des milles et des milles, mais aussi d'entreprendre deux fois par an un voyage de cinq mille kilomètres qui l'obligera même à franchir sans escale le golfe du Mexique.

Le 4 juillet

Trois cent vingt espèces de colibris dans le monde ; mille en comptant les sous-espèces. Toutes sont confinées dans les trois Amériques.

La partie du continent la mieux pourvue : le Brésil et l'Équateur avec leurs cent soixante-trois espèces.

À mesure que l'on monte vers le nord ou que l'on descend en direction de la Terre de Feu, la variété des colibris s'amenuise. Si le Mexique en reçoit cinquante-cinq espèces, la Californie n'en accueille plus que sept, et le

Canada de l'Ouest, que quatre (dont une va nicher en Alaska). Une seule espèce se retrouve à l'est du Mississippi, celle qui fréquente le Québec jusqu'au Labrador : c'est le Colibri à gorge rubis.

S'il a été nommé colibri par les Indiens Caraïbes pour une raison qui demeure inconnue, il apparaît au XVIIe siècle, dans la langue française, sous le nom d'oiseau-fleur, de petit mange-fleur et finalement d'oiseau-mouche, à cause de sa petitesse et des vibrations caractéristiques de son vol. C'est d'ailleurs le bruit que font ses ailes que l'on retrouve dans le terme anglais *Hummingbird*.

Pourquoi Marc Lescarbot, dans son *Adieu à la Nouvelle-France*, écrit en 1607, appelle-t-il Niridau « l'oiselet semblable au papillon / portant dessus son dos un vert-doré plumage / et un teint rouge-blanc / au surplus du corps-sage » ? Je ne sais.

L'Amérique espagnole, pour sa part, lui a octroyé les noms de « pica-flor » (pique-fleur) et « beija-flor » (baise-fleur).

Tous n'ont pas les mêmes dimensions. Si le Patagona gigas est long comme une hirondelle, le Colibri-bourdon, que j'ai vu à Cuba, est si petit qu'un enfant pourrait le cacher entièrement au creux de sa main. On le confond la plupart du temps avec un gros insecte pollinisant les fleurs aux couleurs vives.

Le 8 juillet

« On ne voit bien que ce que l'on sait », écrivait quelque auteur ancien. Je souscris d'autant plus aisément à cette affirmation que j'ai maintenant l'impression que les colibris pullulent autour du chalet à mesure que je plonge dans leur intimité et que j'en apprends à leur sujet.

« Superlatif », écrivais-je pour saluer mon visiteur bourdonnant. Je ne pouvais pas choisir de terme plus seyant : voilà les êtres les plus étonnants qui soient, champions toutes catégories.

Leur bec est, dans un cas particulier, le plus long bec de tous les oiseaux. Le Colibri porte-épée est muni d'un appendice de dix centimètres, plus long que son propre corps.

Compte tenu de leur poids et de leur taille, le cerveau des colibris est le plus gros de tous ceux des volatiles de la planète. Leur cœur également atteint, relativement aux dimensions du corps, un volume absolument unique chez les oiseaux. Il peut avoir jusqu'à six pulsations à la seconde, pompant un sang qui est, par rapport à celui de ses semblables, le plus riche en globules rouges. Et pourquoi cela ? Tout simplement parce que, pour voler, ces petits oiseaux se livrent à une consommation d'énergie proprement phénoménale. J'apprends chez Peterson que « pour produire la même dépense d'énergie qu'un Colibri à gorge rubis, une personne devrait consommer jusqu'à quatre-vingts kilos de saucisses par jour ou le double de son poids en pommes de terre ! »

Le biologiste Crawford Greenewalt propose des chiffres encore plus incroyables : l'humain qui se livrerait à une dépense d'énergie comparable à celle d'un colibri effectuant son vol en surplace, devrait transformer toutes les heures quarante-cinq litres d'eau en vapeur pour maintenir son sang sous le point d'ébullition...

Le 15 juillet

Comme je les ai cherchés, recherchés, poursuivis !

Me revient aujourd'hui à la mémoire ce voyage ensoleillé qui m'avait conduit, il y a dix ans, avec tous les miens, dans cette perle modeste des Caraïbes, l'île d'Émeraude des Irlandais, l'Alliougana des premiers occupants. Je savais que sur cette terre luxuriante aux plages de sable noir vivait le si remarquable Carib à la gorge pourprée, colibri de bonne taille dont le plumage de jais rend plus vifs encore, quand il apparaît sous la lumière directe, le vert de ses ailes, le bleu de sa tête et ce rouge indicible dont il illumine sa gorge et sa poitrine, un rouge violacé rappelant la robe des vins profonds, couleur dont seuls les triomphateurs, au temps de la Rome antique, pouvaient se parer.

Où logeait-il donc ? D'informateurs en conseillers, j'aboutis finalement chez un vieux guide indigène qui voulut bien, moyennant rétribution, me conduire là-haut, du côté de la plus vieille soufrière, jusqu'à une forêt tropicale occupant une vallée difficilement accessible. Là était, m'assurait-on, le domaine du *Falle-rouge*, comme on le nomme aux Antilles. J'expliquai à mon guide quelle était la merveille que je désirais voir.

— Ah ! Doctor bird !

— Mais pourquoi donc l'appeler ainsi ?

Pour toute réponse, il sourit et imita le maniement de la seringue perçant le creux du bras. Je compris.

Nous nous engageâmes sur un sentier qui, tout en l'épousant à maints endroits, suivait le lit desséché d'un ruisseau venu de la montagne. Mon guide, un homme âgé portant bâton, me précédait en sautillant, pieds nus, d'une pierre à l'autre, en foulant, sans apparence d'inconfort, les pistes cuites par le soleil. Nous l'avons atteinte finalement, cette forêt humidifiée par une chute étroite comme un trottoir de ville, mais tombant d'une hauteur inouïe. En ce lieu dormaient, affalés sur les corniches, des iguanes rayés de vert et de jaune ; là criaient plaintivement les Anis à bec lisse ; là montaient vers les nuages les inoubliables fougères arborescentes, hauts parasols aux lamelles de clarté. Là se trouvait enfin tout ce qui peut mettre l'œil en délire, mais du Carib, nulle trace. Le soir allait tomber ; il fallait revenir vers le village. « Demain... », me dit simplement le guide en prenant son salaire.

— Oui, peut-être...

Le lendemain, j'avais quitté mon lit avant la naissance du jour, avec l'intention d'aller enregistrer les vocalisations matinales d'un couple de Crécerelles d'Amérique dont j'avais suivi les manèges, les jours précédents, sur un fil électrique qui surplombait, à la limite du terrain, une haie touffue de plantes diverses. Silencieux comme un lézard, je me glissai sous les basses frondaisons, près du lieu où j'espérais entendre les petits faucons, alors en pleine pariade. J'étais toujours accroupi sur mes talons, à respirer les odeurs de cette fin de nuit, quand survint l'aurore. Et c'est juste à ce moment que je flairai, près de ma tête, la présence animale. Je levai les yeux. Me fut alors offerte une vision qui, à dix ans de distance, continue d'irradier dans ma mémoire. Là, sous cet épais parapluie de feuilles grasses, si près que j'aurais pu les toucher du doigt, étaient alignés, sur des rameaux fins comme des baguettes chinoises, une dizaine de colibris encore pénétrés de nuit. Je reconnus le Colibri à la huppe verte appelé *Frou-frou* à la Guadeloupe. Je vis une autre espèce impossible à identifier, mais surtout je le vis, lui, il était là, l'inoubliable Carib à la gorge pourprée ! Je le reconnus tout de suite à l'aiguille chirurgicale de son long bec incurvé. L'absence des rayons directs du soleil empêchait hélas son plumage d'étinceler et de révéler ses chatoiements, mais il était si proche — aurait-il dégagé une odeur que j'aurais pu la humer.

C'est comme ivre que je me hissai hors de ma cachette, oubliant les Crécerelles et leurs cris d'amour.

Le 20 juillet

Je les ai vus au début de l'été tisonner le cœur des ancolies ; je les ai vus voler en faisant du surplace devant les longues chandelles roses des salicaires ; maintenant que les impatientes du Cap tapissent la grève d'orange douceureux, les colibris festoient. Pour les approcher, il suffit de s'accroupir au centre d'une colonie d'impatientes et d'attendre. Voir de près voler un colibri vaut bien un peu d'inconfort.

Ce qui surprend en premier lieu, c'est le bourdonnement très audible que l'oiseau produit avec ses ailes en volant. Il n'y a rien là de surprenant quand on apprend que ce vol atteint une fréquence de quatre-vingts battements d'ailes à la seconde.

Voilà donc le seul oiseau capable d'un vol *vibré*. Aucun autre volatile ne peut voler sans faire bouger son corps, aucun autre n'a cette aptitude à reculer aussi élégamment qu'il n'avance, nul autre n'est habile à pouvoir décoller et se déplacer verticalement comme le font les hélicoptères.

Cette ressemblance avec l'hélicoptère n'est pas gratuite. Des savants ont découvert à ce propos que la nature a modifié son processus coutumier quand elle a fait apparaître l'oiseau-mouche. Ses ailes ne battent pas, comme chez les autres oiseaux, de bas en haut, mais d'avant en arrière, pivotant comme des drapeaux de sémaphore.

L'aile des autres oiseaux est articulée à l'épaule, au coude et au poignet, si tant est que l'on puisse adopter cette terminologie humaine. Celle du colibri est une sorte de longue pale fixe pivotant à l'axe de l'épaule, avec un mouvement qui rappelle en tous points le rotor de l'hélicoptère.

Le 22 juillet

On croit généralement que le colibri ne se nourrit que du nectar des fleurs. De certaines fleurs, devrais-je dire, puisqu'on le dit surtout friand des rouges et des orangées. Je ne sais pas s'il a de réelles préférences, mais j'en ai vu butiner les fleurs blanches ou roses des pommiers ; j'en ai aperçu qui faisaient bombance autour des pétunias violets et de bien d'autres annuelles que je transplante autour du chalet. J'en ai même observé un, au début de la saison, qui était occupé à boire la sève du bouleau qui perlait aux marques laissées par le Pic maculé.

Peut-être le suc des fleurs ne suffit-il pas à combler leur énorme besoin de calories et de protéines, car tout à l'heure, ici même, devant la grande fenêtre, j'ai assisté à de drôles de manœuvres. J'étais à table quand est survenu, de l'autre côté de la vitre, un oiseau-mouche qui sans hésitation a entrepris de fouiller dans une toile d'araignée, saisissant de sa longue et fine langue les très menus insectes prisonniers des fils soyeux. Durant un bref moment, comme si son tempérament hyperactif le rendait incapable de s'adonner longuement à un même ouvrage, il quitta son repas, alla butiner les capucines dans un pot au bord de la galerie et revint en un éclair à son garde-manger.

Encore une fois, je l'avoue, je me suis rincé l'œil.

Quels éclats de pierres précieuses dans ce chatoiement de plumes et de lumière ! Je sais que toutes les couleurs du spectre solaire se retrouvent, avec une profusion de nuances, chez les espèces tropicales, mais j'aime bien quand le *Petit rubis* vient faire scintiller, près de ma maison, le vert émeraude de son dos et de sa tête, le blanc de son ventre et, si c'est un mâle, le feu de sa gorge.

Chez lui aussi, au moindre mouvement du corps, les couleurs de la vêture changent brusquement de tonalité. Comment expliquer le phénomène ? Je me suis laissé convaincre par cette théorie qui veut que chaque plume du colibri soit pourvue d'un nombre important d'infimes

plaquettes, à la fois prismes et miroirs, qui, tout en réflé-
chissant la lumière, la décomposent en reflets irisés et
flamboyants. Alors que les couleurs de la plupart des
autres oiseaux sont l'effet de pigments, celles de l'oiseau-
mouche naissent de la structure même de ces plaquettes.
Elles sont de ce fait *directionnelles* : l'oiseau, pour briller,
doit recevoir la lumière directement d'une source située
derrière l'observateur. S'il varie son angle de quelques
degrés seulement, la couleur s'évanouit.

Le 25 juillet

Buffon, qui pourtant, du moins je le suppose, n'avait
vu que des spécimens empaillés, dit que de tous les êtres
animés le colibri a la forme la plus élégante et les couleurs
les plus brillantes. « Les pierres et les métaux travaillés ne
sont pas comparables à ce joyau de la nature. »

Le 26 juillet

Sait-on vraiment pourquoi on aime une ville, un quartier, une rue ou même telle pièce de son logis ? Je sais très
bien, quant à moi, pourquoi je suis attaché à une certaine
fenêtre de mon petit chalet. C'est là que tous les matins je
vais voir le thermomètre, vérifier l'état des nuages et la
couleur du fleuve. Au cours de la journée, l'air de rien, j'y
passe pour jeter un coup d'œil sur le paysage et à chaque
fois je détaille chaque branche de l'amélanchier, du haut en
bas de l'arbre, jusqu'aux plantes qui poussent à son pied.

Ici même, il y a quelques années, le 21 mai 1977 pour être exact, j'ai vu ce que tout amateur d'oiseaux souhaite observer au moins une fois dans sa vie.

Il était huit heures, par un soir de velours. Je m'étais approché de la fenêtre grillagée du nord-est pour vérifier si les oiseaux-mouches qui plusieurs fois durant cette journée étaient venus tisonner les calices rouges d'une touffe d'ancolies, étaient encore là. Je remarquai qu'une femelle était posée bien placidement, ce qui est rare chez cet oiseau de vif-argent, sur un rameau sec de l'amélanchier. Apparut soudain un mâle qui aussitôt, en bourdonnant d'une manière inaccoutumée et jetant des sifflements que je ne lui avais jamais entendus, se mit à dessiner, juste au-dessus de la femelle impassible, dans un énergique mouvement de balancier, une sorte de grand U évasé dont les bras atteignaient les cinq mètres. Parvenu au sommet de sa montée, il émettait — comment dire ? — il lançait des signaux de pur rubis. Le rouge excessif de sa gorge ne brillait pas, il étincelait, il irradiait comme une pierre rare, se consumait.

Le poète Guillaume Apollinaire ne parle-t-il pas d'un oiseau « qui chante avec ses doigts » ? Il n'y a que le colibri pour accompagner d'une telle musique une cérémonie déjà parfaite en couleurs et en éclats.

Le 1er août

Il y a un lieu sur la terre où le mois d'août amoncelle les sarcelles, fait chanter le chardonneret, excite le grillon et la sauterelle, déploie la libellule et la verge d'or, mûrit les pommes et les mûres, enflamme le cormier, installe dans les herbes des couleurs passées, débourre les asclé-piades, clarifie la Voie lactée, précise l'horizon, énerve l'écureuil, accueille l'épervier et le busard, multiplie les chauves-souris, regroupe les hirondelles, quitte la forge pour l'atelier du peintre ; un lieu où le mois d'août peuple les berges des si gracieuses impatientes orangées, fleurs à l'éperon incurvé qui exercent sur les colibris un attrait quasi magnétique. Ce lieu est ici, dans l'île, au bord de la batture.

Le 2 août

Vais-je enfin avoir le plaisir de découvrir leur nid ? En venant, il y a deux jours, répandre les cendres du poêle sous les saules, près de la batture, j'ai aperçu un couple de *Petits Rubis* posés dans un arbre sec, chacun sur un rameau différent. J'ai tout de suite pensé qu'ils pourraient nicher dans les parages. Mais comment trouver cette infime architecture assemblée avec des laines de fougères, des *minous* de pissenlit, des duvets de plantes, tapissée de lichens, le tout fort adroitement arrimé, à l'aide de fils d'araignée, à la branche secrète d'un grand feuillu ? Seule une grande chance pourrait me mettre en présence de cette coupe parfaite, de ce nœud végétal imitant avec bonheur une excroissance naturelle de l'écorce, tout juste assez grande pour contenir une pièce de vingt-cinq sous et dans

laquelle la femelle pond ses deux œufs blancs (toujours deux, toujours blancs) gros comme des haricots.

Je n'ai pu jusqu'à ce jour compter que sur les collections des muséums pour admirer cette œuvre d'extrême raffinement, qui possède cette vertu, semble-t-il, de porter bonheur à la personne qui la transporte avec elle. Les Indiens de Costa Rica n'avaient-ils pas l'habitude de grimper aux grands arbres pour cueillir un *macua*, fin nid pas plus gros qu'une noix du fameux *Rey de los Gorriones*, colibri des jungles d'Amérique centrale ? Ces nids désertés après la nidification, ils les nettoyaient, les parfumaient et les fixaient à leur ceinture en guise de talisman. C'est aux mêmes fins sans doute qu'aujourd'hui leurs descendants en font, me dit-on, un tout autre usage : ils les suspendent simplement au rétroviseur de leur voiture, et allons-y gaiement sur les chemins noueux qui serpentent dans les montagnes !

Le 4 août 1990

Ce carnet a reposé pendant des années dans mon tiroir jusqu'à ce que je me souvienne de son existence, ce soir inoubliable où Affonso et Marina, tous deux écrivains du Brésil de passage à Québec, sont venus visiter avec moi la batture aux rigolets. L'histoire qu'ils m'ont racontée, quand il fut question d'oiseaux, je ne peux m'empêcher de la consigner ici.

A vécu à Santa Teresa, dans l'État d'Esperito Santo au Brésil, de 1915 à 1986, Augusto Rushi, l'un des naturalistes les plus complets de ce siècle. Cet homme simple de paroles et de manières, qui au début de son adolescence écrivit une monographie remarquée sur les orchidées de son pays, entreprit, à l'âge de dix-huit ans, des observations et des recherches sur les oiseaux-mouches, qui rapidement firent de lui une sommité en la matière.

Rushi avait l'habitude, pour parfaire ses connaissances, de partir en solitaire dans les denses forêts humides de son État natal. Il en revenait chargé de plantes rares, médicinales pour la plupart, de celles qui laissent « un petit piquant endormisseur sur la langue », plantes qu'il distribuait à ses voisins et à ses amis, ce qui lui valut le surnom de Marchand de verdures. Il rapportait également de ses expéditions des coffrets de bois dans lesquels il avait aligné, serrés l'un contre l'autre, ses chers colibris, chaque spécimen enroulé dans des bandelettes d'étoffe ne laissant poindre que le bec ; le tout ressemblait, aux dires de Marina, à une collection de petites saucisses piquées d'un cure-dent.

Ces expéditions conduisirent le naturaliste jusqu'au pays des Indiens Xingu, aux confins de l'Amazonie. C'était en 1985 ; Rushi avait soixante-dix ans. Un jour, au cœur de la forêt, il découvrit un crapaud couleur d'azur, strié de rayures incandescentes, si beau qu'il ne put résister au désir de le prendre dans sa main pour mieux l'examiner. À cet instant précis, son destin bascula. Terrassé par un mal qui le plongea de semaine en semaine dans des douleurs insupportables, le savant demanda qu'on le ramène chez lui. Mis au fait de cette histoire, les Indiens se dirent surpris qu'un homme si érudit pût ignorer la malignité de ce crapaud, celui-là même qui leur fournissait la substance dont, par tradition, ils empoisonnaient leurs flèches. Ne savait-il pas, cet homme, ce chaman des oiseaux-mouches, que le crapaud a toujours été considéré par les primitifs comme la face ténébreuse et infernale du monde ?

Ici entre en scène mon ami Affonso. Dès qu'il fut averti de l'agonie d'Augusto Rushi, dont il admirait depuis longtemps l'œuvre et les positions politiques en faveur de la sauvegarde de la forêt tropicale, il rédigea pour un grand quotidien de Rio de Janeiro une chronique enflammée par laquelle il tenta de mobiliser toutes les instances, en clamant bien haut que le Brésil ne pouvait pas se permettre de perdre un homme de cette envergure. L'écrivain commença par affirmer que, si les indigènes savaient que le crapaud était venimeux, ils devaient connaître également l'antidote du poison. Pour donner à son intervention sa pleine force dramatique, Affonso Romano continua en rappelant que Rushi était un monument, une richesse nationale, qu'il était aussi précieux pour l'humanité que l'Amazonie, lui, l'homme-forêt bruissant de colibris et de plantes, une forêt qui pour l'heure se consumait dans la fièvre. Tout devait être tenté pour le sauver.

Le sort voulut que le président José Sarney prît connaissance de l'article d'Affonso au moment même où il survolait l'Amazonie à bord de son avion. Il fit en sorte que l'Indien Raoni, un chaman à qui il avait personnellement fait appel pour des traitements, accourût sur-le-champ auprès du malade. Raoni et un autre *pajé* du nom de Sapaim, de la tribu Camaiura, se présentèrent devant Rushi qui eut à peine la force de leur confier : « Je prie les dieux de me donner encore un an pour que j'achève mes trois grands ouvrages : un livre sur les singes, un sur les orchidées et mon grand traité sur les oiseaux-mouches. »

Les chamans entourèrent le corps du savant de la fumée de leurs cigares, puis entreprirent de frictionner son abdomen avec leurs paumes. Au bout de deux heures apparut sous leurs doigts une substance verte et visqueuse qui se solidifia aussitôt en une pâte ayant la consistance de la gomme à mâcher. Le poison du crapaud avait, selon eux, quitté le corps souffrant.

Malgré les soins des sorciers et des médecins blancs, Rushi, qui parut un moment vouloir se rétablir, mourut quelques semaines plus tard. On trouva, bien sûr, parmi ses effets personnels, de ces carnets dans lesquels tout vrai naturaliste inscrit des données, des observations, des dessins, des itinéraires, des notes diverses. L'un de ces calepins contenait cette phrase : « Le secret d'une vie exaltante n'est pas dans la découverte des merveilles, mais dans leur quête. »

OÙ ES-TU ?
SUIS-TU ?

C'était il y a deux ou trois ans, dans les premiers jours de juillet. Le soleil s'était levé plein de vigueur. La journée, au fond de notre anse protégée du vent d'ouest, s'annonçait pesante, torride. Il me vint à l'esprit de profiter des heures confortables et d'aller, au centre de l'île, cueillir des *petites poires* d'amélanchier. Pour atteindre ces arbres fruitiers, il fallait traverser une friche, un champ assez vaste pour assouplir les mollets du marcheur. L'herbe était haute, les fleurs sauvages abondantes, et les buissons de regain annonçaient que cet ancien pâturage allait reprendre avec les années sa forme primitive. Je n'avais pas encore franchi la clôture que déjà, à quelques mètres seulement devant moi, un bouillonnement de notes liquides jaillit. Un Goglu, me dis-je. Et je le saluai.

Posté sur un piquet de cèdre, il répétait, à brefs intervalles, une musique pétillante et capricieuse. Au début de
la saison, quand les mâles délimitent leur domaine, il n'est
pas rare de les voir quitter leur perchoir, papillonner un
moment, en chantant, à mi-hauteur, pour aller se poser
enfin dans les herbes où se défait la ligne mélodique.

Commencer la journée avec le chant du Goglu, voilà
ce qu'il faut pour vous mettre les sens en alerte et vous
aviver l'esprit. Il faut être attentif à la petite vie qui exulte
à fleur de terre quand on traverse un champ. Ici n'est pas
le théâtre des phénomènes propres à vous faire bondir le
cœur. Ici il faut baisser les yeux, regarder où l'on marche,
apprivoiser l'élémentaire. Il faut se rappeler, dans ce lieu,
que chaque pas que l'on fait bouleverse des mondes.

Pendant que le Goglu bouillonnait de musique derrière moi, je contemplais la nappe blanche que formait la
multitude de ces fleurs toutes simples, proches parentes des
fameux chrysanthèmes et que les Grecs avaient baptisées
margaritas, qui veut dire : perles. Paradoxalement ce bijou
naturel, la marguerite des champs, est considéré comme
l'une des mauvaises herbes les plus tenaces qui aient été
introduites en Amérique, car elle a la réputation d'étouffer
le mil dans les prés. Mais qu'est-ce qu'une mauvaise herbe
sinon un végétal qui se trouve là où on ne voudrait pas
qu'il soit ? La marguerite n'a pas que des défauts. Si vous
cueillez une de ses fleurs... oh, pardon ! Ne suis-je pas en

train de commettre un crime de lèse-botanique ? La marguerite est une plante composée. C'est dire que chaque pétale blanc est en réalité une fleur et que toutes ces fleurs piquées en étoiles autour du bouton jaune forment un capitule. Quand les amoureux effeuillent la marguerite pour connaître l'issue de leur passion, ils détachent une à une des fleurs. Et puis, lorsque vous cueillerez une marguerite, vous remarquerez que le cœur légèrement orangé est habité par une famille de petits insectes noirs. Ils boivent le suc de la plante, la marguerite étant donneuse de miel. Mais, pour une raison inconnue, les butineurs habituels la dédaignent. Voilà pourquoi elle est devenue l'hôtesse exclusive de ces insectes microscopiques.

En passant près d'une colonie de chicorées, je n'ai pas manqué de me rincer l'œil. Je considère que la fleur de la chicorée (dans ce cas également il s'agit d'un capitule) offre l'un des bleus les plus riches qui soient : un bleu qui

repose. La couleur bleue n'est pas très répandue dans le règne végétal et c'est dans les fleurs des champs qu'elle déploie ses nuances. Il convient d'admirer la chicorée tôt le matin, les jours ensoleillés, ses fleurs ne vivant qu'une seule journée. Nés avec le jour à l'aisselle de chaque feuille, les capitules se tournent tout de suite vers le soleil. Peu à peu, elles deviennent roses puis blanches. À la fin de la journée, elles sont déjà brunes. Ne croit-on pas généralement qu'elles se referment pour la nuit ? En réalité elles ont fini leur existence de fleurs. D'autres semblables prendront la relève le lendemain, à condition que le soleil soit présent.

Me tira de ma contemplation un bourdonnement très doux, léger, sorti à ma gauche d'une haie qui séparait mon champ d'un autre moins grand, cultivé celui-là. Il fallait prêter attention à cette musique dont la puissance n'était pas la qualité première. C'était un Bruant des prés, petit oiseau brun et gris qui fait son nid directement sur le sol, comme la plupart des oiseaux familiers de ce milieu. Je l'observai un moment et le vis finalement atterrir dans une talle de trèfle blanc. Je m'empressai d'aller fouiller là où il m'avait semblé le voir disparaître, mais je ne pus découvrir le nid. Puis les fleurs blanches du trèfle attirèrent un moment mon attention. Je saluai en pensée cette légumineuse toute modeste, apparentée aux pois, fèves et haricots, tous aliments de longue histoire, nourritures de toujours. Le trèfle n'est pas que pâture des bêtes, il est nourriture du sol lui-même. Ses racines ne logent-elles pas une bactérie capable d'entrer en symbiose avec les cellules de la plante, ce qui provoque un phénomène capital : la fixation de l'azote de l'air, lequel de cette manière sera rendu à la terre, permettant sa fertilisation naturelle ? Voilà pourquoi les fermiers sèment du trèfle certaines années dans leurs champs cultivés.

Une abeille soudain se fixa sur la fleur du trèfle, créant un phénomène qui, pour peu qu'on s'y arrête, dispense son lot d'enseignement. Il nous apprend, entre autres détails, que les puits à nectar de cette fleur sont si profonds que seuls y ont accès les bourdons, les abeilles et les papillons à longue trompe. Ce faisant, ils transportent le pollen d'une fleur à l'autre.

À la vue de l'insecte travaillant sa fleur, je pensai à ce court poème d'Emily Dickinson qu'on pourrait traduire ainsi :

> *Pour faire une prairie*
> *Il suffit d'un trèfle et d'une abeille.*
> *Un seul trèfle, une seule abeille.*
> *Et de la rêverie.*
> *Faute d'abeille, la rêverie suffira.*

En pleine rêverie, je l'étais assurément. À preuve, ce brin de foin que j'avais tiré de sa gaine et que j'avais, sans m'en rendre compte, porté à ma bouche pour en mordiller la tendre extrémité. Insignifiant, le brin de foin ? En ce domaine, l'ordinaire sait se faire extra. De quoi s'agit-il au juste ? Je parle de la tige culminant vers un petit épi vert pâle, légèrement violacé, doux au toucher et ressemblant assez, en plus menu, à l'épi de la quenouille. C'est tout simplement la partie inflorescente d'une plante vieille comme la terre et qui porte en français sérieux le nom de Phléole des prés. Très tôt elle a été introduite en Amérique pour servir à l'alimentation des bestiaux. Son nom anglais de *timothy* nous raconte une partie de cette histoire. En 1746, un certain Timothy Hanson, de Baltimore, s'était chargé d'en promouvoir les qualités économiques comme plante de fourrage. On connaît la réussite exceptionnelle de l'expérience.

Mais foin de ces considérations, je viens d'entendre qu'on me siffle ! Une voix mince et flûtée monta des herbes à quelques pas devant moi et me dit : « Où es-tu ? Suis-tu ? » Ce sifflement clair, d'une musicalité sans apparat portant néanmoins à bonne distance, c'est le chant de la Sturnelle des prés, un oiseau apparenté au Goglu et au Carouge à épaulettes. Son appartenance à cette tulmutueuse famille des Ictéridés n'est pas évidente quand on aperçoit l'oiseau en vol. En vol bas, je veux dire, la Sturnelle n'étant pas familière des hauteurs. Prenant son essor à un jet de pierre devant nos pas, elle n'exhibe que le gris mêlé de brun pâle de son dos et les plumes blanches qui bordent sa queue courte. Mais va-t-elle se poser sur une légère élévation comme à son habitude, elle expose le jaune solaire de sa poitrine traversée par un superbe plastron noir. Je crois vous entendre réagir : « Mais c'est de l'alouette qu'il est en train de parler ! » C'est en effet le nom que lui avaient donné les anciens Canadiens. Une célèbre marque de tabac ainsi nommée avait fait de cet oiseau son emblème commercial. Mais la Sturnelle n'a de commun avec les alouettes que sa prédilection pour les champs où elle établit son nid à même le sol. On dit qu'à l'époque de la reproduction, elle gobe une abondance d'insectes « nuisibles ». Son long bec pointu, du reste, est bien fait pour cet exercice. Dès le mois de mai, à l'époque où la végétation naît dans les prés, la sturnelle commence à faire entendre son chant sifflé. Sait-on que par cet attribut l'oiseau constitue une curiosité ornithologique ? N'est-ce pas le même volatile, pareil en tous cas par le plumage, qui fréquente les plaines de l'Ouest ? Si les dimensions de la Sturnelle de l'Ouest sont plus petites, le chant, lui, la distingue à ce point de sa cousine de l'Est qu'elle constitue une espèce à part. Et quel chant ! Sa musicalité, sa puissance, son registre, son rythme en font l'une des émanations sonores les plus saisissantes des Prairies canadiennes et même un des plus beaux ramages du Nouveau Monde.

Revenons dans l'île. Pour écouter chanter la Sturnelle, je m'étais assis sur une motte de terre. Les bourdons tout autour filaient en vrombissant sur quelque route invisible.

D'autres insectes cisaillaient l'air à fleur de terre. Je baignais dans le contentement. C'est en voulant, pour me relever, prendre appui sur le sol que ma main droite s'aplatit sur une touffe de chardons. Je sifflai un air qui n'avait rien de céleste, mais une fois la douleur passée, je considérai d'un œil tranquille ce malvenu, ce robuste envahisseur des lieux incultes qui produit de jolies fleurs roses en forme de pompons un peu lâches, coussins naturels des bourdons qui viennent y butiner. On ne saurait dans un champ contempler un bouquet de chardons sans penser à la musique qui bientôt se répandra sur tout cet espace. Au moment exact où les chardons épanouiront leurs graines soyeuses, un oiseau jaune et noir, long comme un moineau, survolera les champs, porté par des houles d'air, en lançant de courtes modulations que l'on peut transcrire par les mots *perchicori,*

perchicori. Voilà le chant aérien du Chardonneret jaune. Pour ce nicheur de fin de saison, qui attend que le chardon, sa plante d'élection, lui assure nourriture et matériel soyeux pour le nid, ces vagues sonores annoncent le début des amours. L'oiseau adopte alors la cime des arbres pour répandre sur les champs avoisinants une musique d'un velouté, d'une complexité, d'une effervescence incomparables. Au moment où la verge d'or et les asters sont en floraison, au moment aussi où la plupart des oiseaux nicheurs se sont tus, il est réjouissant d'entendre ces airs légers, cadencés, à la fois ronds et aigus, bondissant dans l'espace comme le vol même de l'oiseau.

De marguerite en chicorée, de foin en trèfle, d'épervière en chardon, de goglu en sturnelle, de bruant en chardonneret, je me rapprochais peu à peu de mon but. *Ouiiit !* Une marmotte siffla à ma droite, du côté de la clôture de barbelés. Je devinais du coin de l'œil la curieuse, dressée sur ses fesses, pointant le museau à travers les foins. Quand je tournai la tête, elle plongea dans son terrier.

À une trentaine de mètres de l'orée du bois, mon oreille une fois de plus allait être comblée. Le musicien, je l'avais aperçu avant de l'entendre ; il surgit des herbes devant moi. Je le reconnus tout de suite à ses ailes roussâtres et à ses rectrices blanches. C'était le Bruant vespéral en personne, un oiseau qui m'a toujours intrigué par le fait qu'il ne semble pas avoir besoin d'eau pour survivre. Étrangement, c'est la poussière qui l'excite. Tous les jours il lui faut son bain de sable, et c'est le plus souvent au bord des chemins ruraux qu'en se trémoussant il s'ablutionne, si l'on peut dire, de terre poudreuse.

Quelques minutes plus tard, caché dans les brous-sailles de la lisière, le musicien s'exécuta. Si les trilles de son chant rappellent ceux du Bruant chanteur, les toutes premières notes sont si profondes, si graves, si pleines qu'à elles seules elles constituent l'une des merveilles sonores de notre nature champêtre. Ce chant, qui acquiert ampleur et limpidité, le soir, dans les prés devenus calmes — ce qui a valu son nom au Bruant vespéral — ce chant représente pour moi un des meilleurs souvenirs de cette matinée de juillet.

Sur la voie du retour, un bon vent s'était levé — les îles sont toujours venteuses — qui tempérait les aiguilles du soleil et qui coulait dans la végétation en longues vagues molles découvrant, par moments très brefs, entre les touffes vertes, des fleurs cachées. Sur ces vagues l'esprit se plaît à glisser ; il prend appui au sein de la vie simple, à fleur de terre, et file, par-delà l'horizon, jusqu'aux confins.

LE MENUISIER À LA VOIX DE TONNERRE

J 'aimerais vous présenter un oiseau dont vous aurez un jour ou l'autre — si vous n'avez déjà eu cette joie — à faire la connaissance. On le retrouve partout en Amérique du Nord et il a vraiment tout pour attirer l'attention. C'est une véritable merveille des bois, tonitruante, haute en couleur.

Voici à peu près dans quelles circonstances vous risquez de le rencontrer. Vers le début de mai, pour voir le printemps travailler la nature, vous prenez la clé des champs. (Une promenade dans un grand parc urbain peut aussi bien faire l'affaire.) Vous débouchez soudain dans une clairière ou bien dans un verger ou dans un pâturage. Au sol, vous apercevez un oiseau occupé à fouiller les herbes de son long bec noir. Il est un peu plus grand qu'un merle. Tout de suite, dans cette fraction de seconde où l'œil peut capter mille choses, vous remarquez le dos brun strié de bandes noires, la tête grise traversée à la nuque par un rubis en forme de croissant. Attention ! Vous êtes en présence d'un farouche et il est déjà sur l'aile. Vous notez alors ce vol bas, rythmé, ondulant, fait de bonds et de plongées, où l'oiseau parcourt cinq mètres en montant pour chuter d'un mètre et reprendre ensuite de l'altitude. Si vous avez l'habitude de la faune ailée, vous vous dites : c'est le vol caractéristique des Pics. Et vous avez raison.

Vous avez eu le temps également d'observer que l'oiseau, vu de l'arrière, montrait une tache blanche très apparente, occupant la moitié inférieure du dos.

En quelques secondes, il a traversé le champ. Puis vous le voyez s'immobiliser à plat contre le tronc d'un gros arbre, à moins qu'il ne se pose tout simplement sur la branche horizontale à la manière des autres oiseaux. Et c'est là que vous entendez cette clameur qui va s'intensifiant et qui semble occuper tout l'espace sonore autour de vous. À cette série de « hak-hak-hak », assez semblable à un long rire fou et incisif, succède bientôt un roulement de tambour bref et sourd, lui aussi d'une très longue portée.

Si vous êtes en compagnie d'une personne d'un certain âge, originaire de la campagne, il se peut que vous appreniez que vous êtes en présence de la Poule des bois, nommée ainsi à cause de ce long caquetage sonore. On peut même ajouter : c'est un Pivart ; déformation du mot Pivert, nom d'une espèce de l'Ancien Monde, assez voisine.

Ce sont là des noms vernaculaires, comme on dit. De ces noms populaires, l'oiseau n'en manque pas. Aux États-Unis, il en porte cent trente-deux différents : Collet monté, Marteau jaune, Réveille-matin, Jarrup, Aile d'or, etc. L'État de l'Alabama l'a choisi pour emblème.

Le nom réel de cet oiseau, pour qui parle français en Amérique du Nord, est le Pic flamboyant. Il y a quelques années encore, on le connaissait sous le nom de Pic doré. Il fait partie d'une nombreuse famille qui compte deux cents espèces à travers le monde. Treize vivent au Canada et sept au Québec.

Comment le distinguer de ses cousins, le Grand Pic, le Pic chevelu, le Pic mineur, le Pic maculé, le Pic à tête rouge, le Pic à dos noir et le Pic à dos rayé ? Il est le seul de nos Pics à se nourrir le plus souvent au sol, et c'est le plus riche en couleurs, le plus brillant. Pour vous donner une idée de toutes les nuances de sa parure, j'ouvre ma boîte d'aquarelles et je saisis mon pinceau chinois.

Pour les premiers traits j'utiliserai les couleurs du plein automne : le brun uni au vert pour le dos, mêlé de rouge pour les joues. Le fauve ambré ira sur toute la face inférieure des ailes et de la queue. Pour la poitrine je poserai un frottis d'ocre lavé de rose et de chamois. Mais le Pivart ne flamboie que si le peintre se concentre sur l'absolu du noir, le pétrit, l'assouplit comme une lumière. Le pinceau aiguise le ciseau à froid du long bec, éclaire l'œil, mouchette abondamment la poitrine, donne à la queue son relief en dents de scie et fulgure en plastron sur la gorge. Et puis enfin le rouge, un rouge franc, un rouge apogée, car mâles et femelles portent en demi-lune une tache de sang à la nuque.

Je viens de dessiner la femelle du Pic flamboyant. Pour voir apparaître un mâle, il suffit de deux coups de pinceau supplémentaires : une bande noire sur chaque joue, de la naissance du bec jusqu'au cou et voilà deux belles moustaches ! Croyez-moi, je ne pèche pas par excès d'anthropomorphisme en suggérant ce rapprochement entre ces attributs et la pilosité humaine. Les moustaches du Pic flamboyant sont bel et bien les signes de la « mâlitude » (merci de me passer l'expression). Il y a quelques années, le professeur Noble, un Américain, s'est livré à de très sérieuses expériences sur le *Flicker*. Il se saisit d'une femelle appariée à qui il colla de fausses moustaches. Dès qu'elle fut libre, elle s'envola vers un arbre rejoindre son compagnon, qui sur-le-champ la prit en chasse et se comporta à son égard exactement comme s'il avait eu affaire à un mâle rival. Une fois les postiches enlevés, le mâle retrouva son humeur liante.

Les cérémonies de la pariade, chez le Pic flamboyant, sont particulièrement endiablées. Voici, pour l'essentiel, comment elles se déroulent.

Dès le mois d'avril les Pics reviennent du Sud. (Avec le Pic maculé, il est le seul de nos Pics à migrer.) Les mâles reprennent aussitôt possession de leur ancien territoire et lancent tout le jour leur long rire percutant. Ces manifestations vocales sont d'ailleurs, avec le cri de la corneille, le chant du merle et la plainte du Kildir, un des signes de notre printemps. À leur sujet, Henry David Thoreau écrira : « Ce wak-wak-wak anime vraiment ce qui était mort. On croirait qu'il rend à la vie les herbes flétries, les feuilles et les rameaux nus : les jours ne seront plus désormais ce qu'ils étaient. »

C'est à cette époque de l'année que le Pic flamboyant, de son bec, tambourine avec le plus d'ardeur. Ses roulements de tambour sont brefs — une seconde — et sont donnés à des intervalles d'une demi-minute. Comme caisses de résonance, il élira un arbre creux, un poteau de téléphone, un mur de planches, une toiture de tôle ou tout objet métallique qui le séduira : poubelle, boîte de conserve ou même transformateur électrique. Pendant tout un été, l'un de ces Pics avait choisi comme tambour la cheminée de fer-blanc de mon chalet. Joli réveille-matin, croyez-moi. J'ai compris alors pourquoi le tambourinage du Pic flamboyant a donné naissance au mythe de l'Oiseau tonnerre.

Le long rire fou comme le tambourinage sont des moyens de communication. Ils ont pour fonction d'attirer les autres pics de la même espèce dans le territoire du mâle. Parmi ces visiteurs se trouve la femelle, celle avec qui il sera apparié la vie entière. Encore faut-il qu'il la reconnaisse. Dès qu'elle apparaît dans l'arbre où se tient son compagnon, elle doit tout d'abord se livrer à une danse de reconnaissance. Les voilà donc face à face, tout près l'un de l'autre. Ils pointent le bec en direction du ciel, déploient vers le bas les plumes de la queue de manière à faire briller le jaune vif des plumes intérieures — et commencent à danser, imprimant à leurs mouvements un dessin qui pourrait ressembler à un W. Un cri très particulier, réservé à cette circonstance, que l'on pourrait traduire par *Weekop,* accompagne cette danse. Le rituel de la pariade culminera au moment de la copulation, quand la femelle, après avoir émis les sons *Oy-sik* (où vous avez reconnu, j'en suis sûr, l'un des cris coutumiers du Geai bleu), ira se percher sur une branche supérieure où le mâle ira la rejoindre.

Les Pics flamblloyants, on le voit, communiquent constamment les uns avec les autres à l'aide d'un répertoire complexe. Je me souviens d'un matin de juin, il y a une dizaine d'années, où j'entendis, au loin, un Pic pousser un drôle de cri. Je le vis soudain apparaître sur un poteau, près de la maison. Il fit alors entendre par deux fois une sorte de « aouing-aouing », il fit résonner une seule fois le tambour et lança son long rire dément. Je compris que ces manifestations s'inscrivaient dans le rituel amoureux.

Une fois les couples formés ou réunis de nouveau, commence la délicate opération du choix du nid. Pour cela, en règle générale, le mâle, en présence de sa compagne, marque d'une encoche le tronc d'un arbre. C'est le lieu qu'il propose pour le gîte. Puis il tambourine. Si la femelle accepte l'endroit (ce qu'elle ne fait pas nécessairement), débute alors, en couple, un long travail de forage à l'aide d'un outil d'une incomparable dureté : le bec même des oiseaux. Rappelons-nous que ce ciseau à froid prolonge un crâne épais, à double paroi, recouvert d'un puissant système musculaire et capable d'encaisser les chocs répétés. Il le faut puisque c'est la plupart du temps dans le tronc d'un arbre que les Pics flamboyants creusent leur nid. On les accuse encore de faire mourir, par cette opération, des arbres sains, mais de nombreuses expériences ont démontré, partout dans le monde, que les arbres creux ou morts représentent la quasi-totalité des lieux choisis. Le Pic flamboyant ne possède-t-il pas le don de repérer les arbres qui nous semblent, à nous, extérieurement en pleine santé alors que leur coeur est pourri par un champignon microscopique appelé *Spongipellis pachyodon*. Le forage d'un nid exige une telle dépense d'énergie qu'il est normal de choisir le bois offrant le moins de résistance sous l'outil.

Où se trouve-t-il donc, ce nid ? demandera le promeneur néophyte. Quand il aura appris que ce qui se passe en haut se reconnaît souvent à ce qui se passe en bas, que ce qui est en bas n'est pas toujours visible au premier coup d'oeil, il verra les cimes d'un regard neuf. De cela, j'ai vraiment pris conscience ce jour de printemps, en 1981, où j'ai découvert au pied d'un gros érable, à quelques centaines de mètres de chez moi, un amoncellement de copeaux frais. En levant la tête, j'ai aperçu le corps de la femelle à demi sorti d'un trou creusé dans le moignon d'une branche cassée par le vent d'hiver. Le travail de forage était à l'évidence achevé, il avait nécessité trois semaines de travail continu durant lesquelles toutes les singularités du corps des Pics avaient été mises à profit : le bec en foret, bien sûr, mais aussi les pattes munies de deux griffes pointant vers l'avant et de deux autres dirigées vers l'arrière, sans oublier les plumes parfaitement rigides de la queue, le tout favorisant le meilleur appui possible sur les surfaces verticales. La femelle se préparait donc, au fond de la chambre en forme de courge, à pondre, sur un lit de bran et de copeaux, ses huit oeufs d'un blanc pur. Toujours, elle devra sentir sous son ventre ce nombre exact d'oeufs. Un écureuil s'introduit-il en son absence dans l'abri pour chiper quelques œufs, immanquablement elle complétera la ponte avant de couver.

Les Pics ne sont pas seulement des pondeurs prolifiques, ce sont d'insatiables mangeurs. Leur menu consiste, la plupart du temps, en insectes, vers, larves que les oiseaux recherchent avec une patiente ferveur dans les replis des écorces. Pour cela ils se servent de leur très longue langue effilée qui s'enroule comme un ressort dans une gaine spéciale de leur boîte cranienne, langue terminée par des hameçons minuscules. Si par exemple l'oiseau, très sensible aux résonances de ses coups de bec, découvre les galeries invisibles d'un ver térébrant, sa langue serpente jusqu'à l'insecte et le saisit.

Voilà pour l'ensemble des pics-bois. Le Flamboyant, lui, s'est spécialisé. Bien qu'il soit parfaitement habile à fouiller les écorces, c'est au sol qu'il va le plus souvent chercher sa pitance. Et la moitié de son menu consiste en fourmis de toutes les dimensions. On a même un jour disséqué un individu dont l'estomac contenait cinq mille fourmis, nombre qui représente, on en conviendra, une ponction significative dans les effectifs d'une colonie. Mais, au fait, les fourmis fréquentent-elles seulement le plancher des vaches ?

J'étais, cet après-midi-là, au chalet, délicieusement oisif. On frappa à la porte. Je quittai ma sieste pour aller répondre. Personne. Je fis le tour du bâtiment, mais je ne vis aucun visiteur. Puis les martellements recommencèrent et je compris enfin qu'ils venaient d'au-dessus de ma tête. J'ouvris la porte avec précaution... pour voir qu'un couple de Flamboyants jouaient du bec sur les bardeaux du toit. À ma vue, ils déguerpirent. Quelques jours plus tard, cette scène me revint en mémoire et, pour apaiser mon esprit, je grimpai sur le toit où j'aperçus finalement, entre les interstices, quelques fourmis affairées.

Rares sont les oiseaux chasseurs de fourmis. Comment expliquer que le Pic flamboyant soit le plus grand destructeur de fourmis chez les oiseaux d'Amérique ? Serait-ce que le sens du goût lui fasse défaut, qu'il soit parfaitement insensible au puissant acide formique ? Les employés des zoos savent que, faute de fourmis, les gros fourmiliers sud-américains accepteront toute autre nourriture pourvu qu'elle soit empreinte d'acide formique. Ce qui donne à penser que le Pic flamboyant peut très bien goûter les fourmis, qu'il en raffole même et que l'acide formique est pour lui une exquise et indispensable liqueur. Quoi qu'il en soit, il en avale tout le temps. C'est sans doute pour cela qu'on le dit si bénéfique. Bien sûr, nous savons tous que les fourmis possèdent cette étrange habitude d'élever des colonies de pucerons, un peu comme l'homme entretient le bétail. Pour les traire ! Elles se régalent d'une substance mielleuse que les pucerons sécrètent sur leur dos quand ils sont adéquatement stimulés. Les fourmis les conduisent donc dans les feuillages que dévastent les menus insectes. Quand ils sont bien nourris, leurs gardiennes les regroupent pour les *traire*. Pendant l'hiver, les œufs des pucerons seront précieusement entreposés dans certaines chambres secrètes des fourmilières.

Moins de fourmis, moins de pucerons ; moins de pucerons, plus de feuilles dans les arbres. Voilà le crédit que nous sommes prêts à octroyer au Flamboyant, nous qui jugeons tous les animaux en termes de nocivité et d'utilité.

Utiles, ils le sont peut-être si nous considérons les choses, par exemple, sous l'aspect de la création de logements neufs. Les Pics ne sont-ils pas de merveillleux pourvoyeurs de nids pour les petits oiseaux nichant dans les cavités des arbres, comme les sittelles, les Hirondelles bicolores, les mésanges, les Moucherolles huppés, le Merle-bleu à poitrine rouge. Quand on sait que le Flamboyant creuse chaque année un nouveau nid, que parfois il en aménage plusieurs, dont certains serviront de dortoirs nocturnes, on ne doit pas hésiter à lui reconnaître ne fût-ce qu'une fonction de prodigalité.

Puisqu'il vient d'être question de dortoir, je signale, pour ce qu'il vaut, un tout petit détail de la personnalité du Pic flamboyant : de tous nos oiseaux, il est celui qui se couche le plus tôt. Bien avant le coucher du soleil, il se retire dans son trou, d'où il ne sortira que le lendemain, et à condition que le temps ne soit pas trop maussade.

Sensible au dérangement, prompt à l'alarme, soucieux de garder en tout temps ses distances à l'égard de ces bipè-des capables à l'occasion de porter fusil et lance-pierres, il ne répugne pas malgré tout à venir s'installer près des habitations. La proximité des fermes, en particulier, semble être un lieu qu'il affectionne. En fait, partout où des terrains verts voisinent avec des bois, vous aurez la chance d'apercevoir un Pic flamboyant. C'est un plaisir que je vous souhaite.

CARNET
D'UN ÉCOUTEUR

HIRONDELLES

Les jours de mauvais temps, en juillet, toutes les hirondelles s'abandent au bord du fleuve pour gober l'insecte au ras des herbes, à marée basse. On les voit filer sur l'aile, remonter, zigzaguer entre les salicaires, faire clignoter leur ventre orange ou blanc selon qu'elles se nomment Hirondelles des granges ou Hirondelles bicolores. Les plus jeunes, sorties du nid la semaine dernière, ne le cèdent en rien aux aînées pour la vitesse et l'exactitude du vol. Si l'on fixe longuement la scène, on voit la batture se soulever comme une respiration, subtile, énorme. Sans l'être vivant, le paysage est lettre morte.

L'OISEAU

Il est là, sur une branche, sur un fil, sur un toit. Tu t'arrêtes et tu écoutes. Tu prends plaisir à cette musique droite comme le vent, complexe comme le brin d'herbe.

Quand tu regardes la forme, les couleurs, les mouvements de l'oiseau, tu sens une chaleur se diffuser dans ton corps. Si tu regardes bien, si tu écoutes bien, tu reçois. Il entre en toi et te passe un peu de son être. Tu deviens allergique aux mensonges, à la soif des possessions, aux grilles, aux cages, à l'inoccupation du corps et de l'esprit. L'oiseau entre ; se lève alors une liberté qui a besoin d'espace. Tu peux même ressentir l'urgence de t'envoler. Mais désir d'envol n'est pas projet d'envol. Rêve n'est pas prémonition. Celui qui veut partir se retient. Celui qui doit s'envoler se donne des ailes.

LES CHEVALIERS SONT GLOUTONS

Nous sommes assis devant la large fenêtre à contempler les Oies sauvages réunies dans la batture. Le ciel soudain bouge à l'est. Une présence vole vers nous. C'est un oiseau rare, mélange de mouette et de milan. Quand il se pose au bord d'une flaque d'eau, nous reconnaissons le Grand Chevalier, délicat, altier, magnifique. Sans attendre, il plonge l'alène de son long bec dans l'eau maigre et saisit un poisson de la longueur d'un crayon, énorme pour lui. Pendant une éternité, il s'emploiera à l'avaler en le retournant, en le triturant dans des contorsions ridicules de la gorge et du cou. Quand il réussira enfin à déglutir cette proie frémissante, les témoins de la scène se détendront et, en silence, chacun pour soi, penseront à la gloutonnerie distinguée, à la voracité de tous les grands chevaliers de la terre.

PRÉSENCES

Il est neuf heures. Je suis assis dans la pergola de moustiquaires. Les arbres pétillent d'oiseaux. Ils virevoltent, passent de branche en branche, bruissent, grignotent. Au fond de l'érablière, en contre-haut, un Pioui fait des trous dans l'air. Au large de la batture dégagée, qui a pris au cours du mois d'août une teinte d'or fané, des corneilles craillent, le Busard fait sa ronde, des centaines de sarcelles remuent. Un Pic flamboyant file en coup de vent vers le bois de l'ouest. Un bruant fait la loi dans un arbuste. La vie soudain est d'une étrange simplicité.

UNE AUBE DE FIN DE MAI

À l'orée du bois, à l'ouest du chalet, un chant énergique m'arrête. « Et ti, et ti, et ti, ti-pitou ! » dit l'oiseau en précipitant les trois dernières syllabes. Je le découvre soudain. Il est bien en vue, sur une branche à la cime du frêne. C'est une Paruline triste, tout de suite reconnaissable à sa tête grise, à sa poitrine jaune et au croissant noir qui lui barre la gorge. Plus loin sisille faiblement une

Paruline flamboyante. Son chant est anémique, presque élémentaire. Étrange qu'un oiseau si joli ait un chant si mince. La Paruline triste, elle, la mal nommée, élabore une musique d'éveil.

CANICULE

Une chaleur de fièvre moite. Il est dix-sept heures. Je me rends compte que là-haut, dans l'érablière, un Pioui de l'Est débite son chant d'aurore, caractérisé par les trois phrases différentes émises dans un ordre improvisé.

Il y aurait peut-être lieu d'établir un rapport entre les grandes chaleurs et certaines aberrations du chant des oiseaux. Hier, par exemple, jour de fournaise, la Grive fauve chantait en plein midi.

LES PARULINES

« Petit, petit pantalon huit ! » dit la jaune ;

et la masquée : « Si petit, si petit, si petit. »

« Est-il, est-il, est-il si piteux ? » demande la triste.

La verte à gorge noire dit que tu dis que tu étudies !

Celle qui a les flancs marron se dit assise entre deux chaises.

Les fauvettes, si menues, entourent de musique la lumière.

LE 25 SEPTEMBRE

On tire de partout. Les deux rives du fleuve tonnent. Ici, plus près, à quelques pas de ma fenêtre, des chasseurs se terrent et se couvrent de branches vertes. Devant eux, immobiles dans une mare, des appelants. Soudain une sarcelle solitaire vient se poser parmi eux. Vont-ils tirer de si près ? Le coup éclate, la gerbe de plombs crépite sur l'eau et — miracle ! — l'oiseau s'envole. Un autre « bang ». Il s'écrase parmi les herbes envahies par la marée montante. Toute la scène est baignée d'une lumière dorée, mobile, si douce qu'on a envie de sortir ses couleurs pour la garder toujours avec soi.

*

Si tu écoutes bien, tu entendras la musique que fait l'oiseau quand il se prépare à chanter.

*

La canicule sent le chien.

CE QU'ILS DISENT

Je ne dis pas que les oiseaux parlent. Je dis qu'ils disent quelque chose en étant simplement qui ils sont.

Le hibou dit une sagesse de l'attente, une circonspection qui réfléchit, une prudence ouatinée plus vive que le jour.

Le merle dit qu'en tous lieux l'élégance est une condition de la civilité.

Le Chardonneret jaune dit une joie de produire, en volant, un chant doré comme lui, un chant qui est un soleil bondissant sur les vagues.

Les râles disent une manière extrêmement rieuse d'être éveillé.

La sittelle affirme que ce que tu ne trouves pas en montant, tu le découvriras en descendant.

La mésange dit toujours une solitude qui se mue en vivacité.

L'hirondelle dit que ce n'est pas la force qui en impose, mais le courage.

Le Kildir dit que celui qui feint attire les menteurs. Que la plainte n'est pas toujours douleur, qu'elle est parfois une pauvreté de complaisance.

Et les corneilles des villes et des parcs, que nous disent-elles quand elles vocifèrent à la barre du jour ? Elles clament qu'un autre jour se prépare à naître. Sans le noir, pas de lumière.

CONSEIL AUX ASSASSINS

Qu'y a-t-il dans l'œil de la corneille, qui pourrait nous troubler si nous la regardions vraiment ? Je posais l'autre jour la question au professeur Lacourcière qui, en guise de réponse, comme il le fait toujours d'ailleurs, me raconta une légende :

Un paysan conduit sa femme au bout de sa terre, là où personne ne peut les voir, et lui dit : « Je pourrais te tuer, tu sais. — Et pourquoi tu me tuerais ? — Parce que j'en ai envie depuis longtemps. — On ne tue pas sa femme parce qu'on en a envie. — Le temps est arrivé : fais tes prières. — Tu me laisseras en vie sinon la corneille que tu vois là va te dénoncer. »

Mais le mari fou exécute ses desseins et il enterre sur place le corps. Un an plus tard, il revient. La corneille est toujours là, sur la même branche, dans le même arbre.

L'homme dit : « Tu voudrais bien que je te le dise, hein, que c'est moi qui ai tué ma femme ! »

Un voisin était tout près, à cueillir des framboises dans les taillis...

EN BATEAU

Bien que le règlement l'interdît, le capitaine nous permit de le rejoindre dans la timonerie. Il parla de la pluie et du beau temps, mais son esprit, par moments, gagna les hauteurs. Je notai ceci :

Quand les oiseaux planent très haut dans le ciel, tu peux être sûr que le vent se lèvera. Parfois c'est calme sur l'eau, mais si les oiseaux planent, le vent viendra, ça ne manque jamais. Il viendra de la direction opposée à celle qu'empruntent les oiseaux.

LE MERLE D'AMÉRIQUE OU ROUGE-GORGE

Le merle est prince par la couleur de ses œufs, par sa prestance sur les pelouses même chiches, prince aussi par le détour rusé de ses voyages vers son nid. Par sa gorge enflammée, il est capitaine-clairon ; par le cercle blanc de son œil, scrutateur de constellations, et par son chant, moraliste aux aurores. Le merle est hautain et craintif. Sa noblesse est une confiance qu'il renouvelle. Pour avertir, il glousse. Quand il se marie, il lie, relie, lie et relie.

LE 3 AOÛT

Clarinette (deux ans) fait connaissance avec les Pics, abondants cette année dans les environs du chalet. Plus que de coutume, il me semble. L'autre jour, pendant que nous montions la grande côte, près de la barrière, nous sommes tombés, elle et moi, sur trois Pics en train de marteler les planches de la clôture. « Tiens ! Deux Pics chevelus et un Pic mineur. » Clarinette a bien vu « comment ça fonctionne ». Hier, en entendant nasiller des mésanges autour du bathyscaphe, pendant le déjeuner, je lui dis : « Ce sont des mésanges ». Et elle : « Des pics-mésanges ? »

AUJOURD'HUI LA PLUIE

Pourtant cette journée m'offre deux observations nouvelles :

1) Pendant que j'écris dans le petit refuge, j'entends par la porte ouverte, tout près, des roucoulements bizarres. Un corbeau, peut-être ? Je me lève en silence, vais jusqu'à la porte. Sur la branche basse de l'érable, à deux pas, une jeune corneille (plumage brunâtre) fait sortir de son gosier toutes sortes de sons roulés, rauques, ronronnés, glougloutés... Elle veut parler, me semble-t-il. Je lui dis : « Grou-grou ». Elle répond : « Gr-gr ». Pendant

deux bonnes minutes nous rivalisons de « gong-gong » et de « gour-gour-gour ».

2) Une bécassine s'est posée sur le faîte du poteau de téléphone devant la porte du chalet et lance, pendant de longues minutes, sans interruption, des « oui-oui-oui ». Je vois son ventre gris, son long bec entr'ouvert et toutes les couleurs de son plumage. Peut-on dire que la bécassine « ouine » ?

UN JOUR COMPLET

Les oiseaux des marais chantent une légèreté de la nuit en laissant débouler des notes fines, qui rient, qui interrogent. D'autres, comme les merles, les parulines, les hirondelles, sont des coulées matinales et font luire les aurores. Le Pioui, lui, est un pincement d'aiguille à midi. Son cousin, le Moucherolle huppé, siffle comme le portier de l'hôtel qui appelle un taxi. Les bruants, à la voix bien placée, répandent un équilibre sonore entre le trille et le clairon, entre l'aube et le crépuscule. Vers la fin du jour, les Moqueurs résument le chant des autres. Puis vient ce moment qui est le domaine des grives. En bas, elles énoncent un chant de voûte.

GOUVERNEUR
DES CANARDS

Cette beauté-là, quand je l'ai prise sur mes genoux, je ne l'ai pas trouvée amère; je l'ai trouvée terrible, éclairante.

À l'automne de ma première année au bord de la batture, renchérissant sur les devoirs de l'hospitalité, j'avais accepté de conduire un ami à la chasse à la sauvagine. En pleine nuit, bottés, capotés, portant sur le dos le fourniment du parfait fantassin des grèves, nous avions pataugé dans le grand marécage. Loin dans l'estran, nous nous étions finalement enfouis à plus d'un mètre dans la vase et avions refermé la coupole de branches d'épinettes sur nos têtes. Devant nous, sur un étang récemment aménagé pour cet exercice, une ligne de canards de bois bougeaient faiblement sous le vent d'aurore. Au moment exact où les premières lueurs du jour apparurent, la mitraille tonna autour de nous et un oiseau affolé vint se jeter parmi les appelants. Un, deux, trois coups de feu : ce fut pour lui la fin. Pour moi beaucoup de choses commencèrent.

Noiraud, le Labrador, nous rapporta un corps inerte. Je le pris dans mes mains et reconnus, pour l'avoir vu si souvent de loin, l'un des êtres les plus attrayants de la terre. Ce que la vie a mis des millions d'années à parfaire, je vais tenter en quelques mots de vous le décrire.

Voici un canard de moyenne dimension dont le plumage réunit toutes les couleurs de l'arc-en-ciel. Sa tête est une superbe touffe de longs cheveux blancs et verts ramenés en arrière pour former une huppe coulant sur la nuque. Les yeux sont du même rouge que le bec où il se mêle au noir et au blanc. On voit un étrange dessin semblable à un minuscule ours blanc qui enserre la gorge bleue, les pattes étendues vers les joues. Le cou de l'oiseau est cannelle et il est parsemé de légers triangles blancs, tandis que les flancs de teinte chamois offrent ce tremblement de lignes qui rappelle les empreintes digitales des humains. Partout, sur le dos et sur les ailes, les couleurs du prisme se conjuguent dans une harmonie à peine concevable : du bleu, du vert, du brun, du roux, du blanc, du noir. Quand on étire les ailes, on est frappé de voir étinceler les plumes internes, comme si on y avait pulvérisé de la peinture métallique. Les pattes jaunes, palmées, sont munies au bout des doigts de griffes arrondies absolument uniques chez les canards.

L'oiseau que je tenais ainsi, ce matin-là, au fond d'une fosse creusée dans la glaise était l'un des plus remarquables canards d'Amérique : le mâle du Canard huppé, appelé par certains Canard branchu. Son nom scientifique *Aix sponsa* rappelle déjà la singulière beauté de son plumage, les deux mots latins signifiant : canard en habit d'épousailles. De cet habit de noce, on a écrit qu'il évoquait « les coloris des arbres en bourgeons se reflétant sur les eaux d'un étang au milieu des bois ».

Est-ce le jugement que Jules Renard porta jadis sur les chasseurs (« carnassière de ridicules et de sottises ») ou le remords, un peu émotif, je l'avoue, d'avoir abattu simplement pour le sport un si beau vivant, qui m'ont influencé ? Quoi qu'il en soit, je n'ai plus jamais, depuis ce jour-là, fait feu sur un canard.

De ces oiseaux on ne connaît bien souvent que les hybrides alourdis par la domestication. À l'état sauvage pourtant, ce sont des êtres vifs, mobiles, extraordinairement gracieux et doués de maintes subtilités. C'est une vaste famille que celle des Anatidés qui regroupe les Plongeurs, habitués des eaux profondes (Garrots, Morillons), les canards de mer comme les Kakawis, les Eiders, les Macreuses, et enfin ceux que l'usage a baptisés canards de surface ou barboteurs : le Canard noir, le Pilet, le Chipeau, le Siffleur, le Huppé, les Sarcelles et le représentant universellement connu, le Malard appelé Colvert en Europe.

De loin, quand ils volent, ils se signalent par leur corps élancé, par la finesse de leur cou tendu à l'horizontale, par leurs ailes plus longues et battant moins vite que celles des Plongeurs. Ils ont le ventre plat, flottent avec aisance, les plumes caudales relevées au-dessus de la surface. C'est là, dans l'eau peu profonde des étangs, des lacs et des rivages fluviaux, qu'ils pâturent, la moitié du corps complètement immergée, queue à la verticale, fouillant la vase du fond, en un mot, barbotant. On les voit également promener leur bec aplati à la surface des eaux calmes, filtrant les parties comestibles à travers leurs lamelles latérales hypersensibles. La nuit parfois, silencieux, ils s'aventurent dans les prés cultivés.

Les surprenez-vous, aux heures paisibles, sur le plan d'eau où ils se sont mis à l'abri, ils explosent littéralement hors de leur cachette, prennent leur essor d'un vol si rapide et si bruyant que vous en demeurez saisi de surprise. Et si vous avez l'œil, si vous avez surtout la chance d'être à proximité, vous verrez étinceler les quelques plumes particulières du bord postérieur de leurs ailes, de teinte bleutée ou violacée, et qu'on nomme le *miroir*, sans doute parce que chez certaines espèces lesdites plumes semblent refléter l'azur d'en haut et d'en bas. Mâles et femelles chez les barboteurs portent le miroir.

Le Canard huppé fait bande à part dans le groupe des canards de surface. Si comme eux il se nourrit sur les eaux peu profondes, s'il mène lui aussi ses amours sur les surfaces liquides, un trait de son anatomie indique des habitudes originales. Il s'agit des griffes pointant au bout de ses pattes palmées, appendices qui le rendent habile à se percher dans les arbres et à s'agripper aux surfaces dures. D'où le nom de *branchu* qu'on lui donne depuis longtemps au Québec et qui, d'ailleurs, est devenu son appellation officielle.

Dans les bois il ne fait pas que se reposer. C'est là également qu'il établit son gîte, au fond d'un arbre creux ou dans l'ancien nid d'un Pic. Créature jalouse de ses habitudes, le Canard huppé reviendra occuper le même nid plusieurs années de suite — là même d'ailleurs où il a vu le jour. Seul canard acceptant de faire ses petits dans un nichoir de fabrication humaine, il n'y logera toutefois qu'à certaines conditions. Cette maisonnette doit être fixée à un tronc, près de l'eau, à l'orée d'un bois par exemple, ou au centre d'un étang paisible et protégé ; le tronc doit offrir une ouverture elliptique assez grande pour laisser passer l'oiseau et assez petite pour décourager toute intrusion de son ennemi, le raton laveur. Le canard, lui, s'y engouffrera d'une seule lancée, au terme d'une course rapide, sans prendre appui sur le rebord, car il jouit de la faculté, en cette circonstance, d'amincir ses flancs.

Une maisonnette destinée aux Canards huppés sera munie à l'intérieur, entre le plancher et l'ouverture, d'un fin treillis rigide qui servira d'échelle aux canetons quand il leur faudra, quelques heures seulement après leur naissance, quitter pour toujours leur abri. La croyance veut que la cane saisisse chacun de ses petits par le chignon pour les conduire vers le plan d'eau le plus rapproché. La vérité est bien différente. Les canetons, quelle que soit la hauteur du nid, sans craindre les chocs auxquels leur constitution leur permet de résister, se laissent tomber un par un sur le sol où ils rebondissent comme des balles. La mère les y attend. Commence alors le voyage le plus périlleux de leur existence, surtout quand le nid, comme cela arrive souvent, se trouve loin dans les bois.

Toutes les espèces de canards doivent entreprendre, au premier jour de leur vie, ce même voyage initiatique qui les conduira au fleuve ou à la rivière. À la queue leu leu, les canardeaux suivent la cane qui garde le contact avec chacun d'eux par un subtil langage sonore. Embûches et périls abondent. La famille devra parfois traverser des champs, des bois, des routes où elle fera connaissance avec les chiens, les chats, les renards, les ratons et... toutes espèces de véhicules. Il n'est pas rare de trouver une portée réduite de moitié au terme de la randonnée. On n'a pas toujours la chance de tomber sur un individu comme celui qui avait fait la manchette des journaux, à Londres, il y a quelques années. Une cane Malard, qui avait niché au fond d'un parc, dut, pour conduire ses neuf canardeaux jusqu'à la Tamise, traverser une grande avenue de la capitale. Se tenait là un gendarme qui n'hésita pas à immobiliser la circulation, laissant libre passage à la petite troupe dont

chaque élément semblait retenu à l'autre par un fil invisible.

Les plus originaux des oiseaux, les canards le sont assurément. Ils ne font rien comme les autres. Un aspect de leur vie qui m'a toujours fasciné concerne le plumage. Chacun sait qu'un canard privé d'un habit chaud et parfaitement imperméable est un canard perdu. L'isolation est assurée par une couche de duvet tassée entre la peau et les plumes. Cet isolant naturel, la cane, au printemps, se l'arrachera de la poitrine pour en garnir son nid. C'est lui qui réchauffera les œufs et qui les camouflera en l'absence de la mère. Pour garder à leur plumage ses qualités aquafuges, les canards devront se livrer, pendant de nombreuses heures, chaque jour, à une activité capitale : la toilette. Je ne me lasse jamais d'observer l'un ou l'autre de ces oiseaux occupé à lisser ses plumes, recueillant avec son bec une sécrétion huileuse produite par une glande cachée sous la queue, matière dont il badigeonne soigneusement barbes et barbules.

Le rituel des transformations saisonnières a lui aussi de quoi émerveiller. Contrairement aux autres volatiles qui pour la plupart confectionnent leur habit de noce au printemps, les canards deviennent riches en couleurs à la fin de l'été, leur cour amoureuse débutant à l'automne pour se poursuivre tout l'hiver. À cette époque le mâle affiche les teintes remarquables que nous lui avons vues au début de cette histoire. Chose étonnante, juste avant cette mue d'automne, le plumage des canards connaît au cours de l'été une autre métamorphose majeure. C'est l'éclipse. Vers le mois de juillet, chez le mâle, et plus tard chez sa compagne (quand les jeunes sont indépendants), les oiseaux perdent toutes leurs plumes et acquièrent pour ce temps où ils sont inaptes au vol, un plumage couleur de terre et d'herbe sèche, vêture de camouflage et de retraite. Cette éclipse dure un mois environ, et elle précède la grande mise en beauté d'août et de septembre.

Pendant les migrations d'automne et plus tard surtout, quand ils sont arrivés aux aires d'hivernage, dans la partie plus clémente du continent, les canards barboteurs s'accouplent. (Quand ils nous reviennent au printemps, les couples sont déjà formés.) Connaît-on rien de plus enfiévré, d'aussi chargé d'exubérance communicative que leurs amours ? Plusieurs fois par jour pendant des mois, sur l'eau toujours, mâles et femelles se contorsionnent, impriment à leur cou des ondulations effrénées, grognent et sifflent, s'éclaboussent, engorgent de l'eau pour s'en arroser le dos et en asperger les femelles, se redressent, secouent la tête, pointent la queue, lissent réciproquement leur plumage, frémissent des ailes, se poursuivent en pédalant et à la fin jaillissent et se lancent dans des poursuites extravagantes.

Je n'ai jamais assisté aux fiançailles du Canard huppé. Pour la description de ces performances, je m'en remets à James Audubon qui eut, il y a plus d'un siècle, ce bonheur, près de chez lui, en Virginie. « Voyez le mâle jaloux donnant la chasse à ses rivaux et la femelle qui coquette avec celui qu'elle a choisi. Ce dernier relève gracieusement la tête et fait onduler son cou. Il s'incline devant l'objet de son amour et retrousse son aigrette soyeuse. Sa gorge se gonfle et il en sort un son guttural qui semble absolument musical à celle qui va devenir sa compagne. Incapable elle-même de dissimuler l'ardeur qui la transporte, elle nage à côté de son mâle, lui caresse les plumes avec son bec et manifeste vivement son déplaisir à toute autre de son sexe qui ose s'en approcher. Bientôt l'heureux couple se retire à l'écart, leurs caresses redoublent et le pacte conjugal est enfin scellé. Bien que leur nid ne soit jamais construit que dans le creux d'un arbre, leur amour se consomme uniquement sur l'eau. »

Une très faible partie cependant des canardeaux qui naissent sous nos latitudes en mai et en juin auront la possibilité de se livrer à ces débordements. La raison, simple, est toute contenue dans ce bilan : soixante-quinze pour cent de tous les gibiers d'eau tués à l'automne sont des canards barboteurs.

À qui me demanderait ce que je pense de la chasse, j'inclinerais, dans un premier temps, à répondre par une image plutôt que par une opinion. Parfois, quand je rêve vraiment, il me semble entrevoir au loin, un peu comme on voit venir du large, au ras des vagues, une formation de beaux malards brillant dans le soleil, il me semble entrevoir une époque où la civilisation, si elle a de l'avenir, laissera apparaître un métier qui pour l'instant est inconcevable. Je l'illustrerai par une courte anecdote.

Un écrivain français du XVIIᵉ siècle, Saint-Évremont, réputé pour son esprit frondeur et contraint pour cela à l'exil par Louis XIV, choisit de se réfugier à Londres. Pour lui montrer en quelle estime il le tenait, le roi des Anglais lui donna un titre et une fonction dignes de l'auteur qu'il était. Il le nomma Gouverneur des canards.

En admettant que je puisse soutenir les devoirs d'une telle charge — si elle n'était pas qu'honorifique — je me plais à imaginer de quelles tâches je l'assortirais. Que ferait donc un Gouverneur des canards dans l'Amérique de cette fin de siècle ? À d'autres sûrement il laisserait les ukases, les décrets, les interdits. Il se livrerait d'abord à des études sérieuses sur l'équilibre des populations et sur les habitats. Puis il veillerait à ce que chaque habitant de ce pays puisse admirer, dans la réalité vraie, un véritable canard voguant sur de l'eau réelle. Si le Prince octroie à certains le droit de chasser, pourquoi ne donnerait-il pas — et surtout à une époque de l'année où il est plus commode de circuler en forêt — le droit à la contemplation ?

Dans l'absolu pourtant, le Gouverneur ne condamne pas la chasse qui en certaines circonstances se révèle — ô paradoxe ! — nécessaire à la vie. Peut-être même ira-t-il jusqu'à éprouver de l'attendrissement pour les lève-tôt qui, en solitaires, affrontent l'animal sur son terrain. Il n'en reste pas moins que, si le rôle de Gouverneur des canards m'était imparti, j'essayerais de convaincre le plus de gens possible qu'il n'est pas indispensable, pour prendre un oiseau avec soi, de le trucider. Le saisir en photo, le fixer par un dessin, le capturer dans son œil, dans sa mémoire, dans ses mots, sont des activités fertiles en sensations tout aussi gratifiantes.

Il demeure que ma plus grande joie serait de faire mieux connaître la si variée confrérie des canards sauvages, de faire frémir en toute vie les constellations de sarcelles au mois d'août, d'illustrer le port si racé du Pilet, de transmettre la hardiesse du Malard à tête d'émeraude, de faire s'allumer les teintes parfaites et la lumière posée du

Souchet. Et comment exprimer la splendeur discrète, la robustesse, la sagacité du plus vif de tous les barboteurs ? Pour le nommer je remplacerais — pourquoi pas ? — son nom de Canard noir par celui, plus maniable, de Canoir et je lui adresserais cette forme de salutation :

Le jour va naître. Les Canoirs passent en sifflant au-dessus des battures.

Ils foncent dans le vent, dessinent un long virage puis se laissent glisser sur les vagues de l'air.

Toujours leur poitrine bout quand il se jettent dans l'eau la plus froide.

À la naissance de l'aile ils ont un miroir mauve pour refléter une immensité sourde.

Ils ont un œil pour le jour, un œil pour la nuit.

Ils doivent bien dormir quelque part, la tête sous l'aile, loin des dangers.

Mais la terre un peu plus chaque jour se rétrécit pour les Canoirs ; gibiers de grande allure, ils sont devenus cibles.

Certains admirent l'éclat de leur vigilance. Où est pourtant celui qui a proclamé après la chasse un tel prodige ?

Quand le soleil s'en va, les Canoirs se grisent d'espace. Touchés par le plomb, ils s'écroulent dans la vase, annulés.

LE TUEUR
ET L'ENFANT

C'était un après-midi du mois d'août, au bord du fleuve. Pendant que je lisais, étendu sur le canapé, je voyais du coin de l'œil Clarinette qui, au bout de la table, devant la grande fenêtre du chalet, dessinait ou coloriait. Elle s'écria :

— Viens voir, papa ! Un oiseau de croix !

Je pensai tout de suite, en m'amusant du bon mot, à l'épervier qui depuis une semaine fréquentait nos parages et suscitait, à chacune de ses visites, surprises et exclamations.

— Viens vite, il flotte, là, devant la terrasse.

— Il flotte ?

— Oui, dans l'air !

Je posai ma lecture et en catimini m'approchai de l'enfant dont le regard étincelait. Un grand oiseau brun foncé, au ventre couleur cannelle, flottait en effet sur l'air, juste là-devant, de l'autre côté de la vitre, ses longues ailes ouvertes en forme de V évasé, à la manière des vautours. Il garda un court moment cette position immobile et continua sa route d'un vol changeant, paresseux, décousu, qui le portait à faible hauteur au-dessus des herbes.

— C'est un aigle, demanda-t-elle ?

— Non, c'est un Busard, un Busard Saint-Martin pour être plus précis. Il n'est pas aussi grand qu'un aigle, mais comme l'aigle et comme l'épervier de ce matin, c'est un oiseau de proie.

— Ah oui, un oiseau de *proie*. Il a fait sauter mon cœur.

— C'est normal.

Comment expliquer à une enfant de cinq ans que les vieilles fibres de la peur tressautent toujours quand paraît le rapace ? Même les adultes — et les adultes plus souvent que les enfants peut-être — connaissent ces émois.

— Il est gentil ?

— Il ne l'est certainement pas dans le sens où tu l'entends, mais de venir aujourd'hui se montrer à nous d'aussi près, il l'est un peu, tu ne trouves pas ?

Et j'entrepris, en choisissant mes mots, de raconter à Clarinette ce que je savais du Busard.

Je me souviens très bien de ma première rencontre avec lui, l'année de mon installation au bord de la batture, en 1976. J'étais assis devant cette même fenêtre quand je vis déboucher de la pointe rocheuse, du côté de l'estuaire, un grand oiseau brun qui avançait en louvoyant. À mesure qu'il s'approchait, je distinguais mieux ses attributs : le brun rayé de roux de la tête et du dos, le blanc légèrement brûlé de la poitrine, la tête ronde, le bec court et très crochu. Puis l'oiseau soudain interrompit son vol, il tourna, déploya sa queue traversée de bandes noires, une queue donnant l'impression d'être séparée du corps tant est manifeste la tache blanche du croupion. La consultation d'un guide d'identification m'apprit que j'étais en présence du Busard.

Plus tard dans la journée, cette femelle passa si près de la maison que j'eus le temps de fixer dans ma mémoire le jaune de ses yeux et le disque de plumes foncées qui les encercle, comme chez les chouettes. J'observai également la longueur, la minceur exceptionnelle des tarses jaunes, les longs crochets des serres aiguisées.

Un autre jour, vers la fin du printemps, je vis, qui luttait contre le nordet, un oiseau robuste, blanc, délié, que je confondis sur le moment avec un Goéland argenté. Quand il se mit à papillonner au-dessus d'une mare, à ouvrir sa longue queue traversée de bandes noires, à afficher son croupion pâle, je sus tout de suite que j'étais en présence du Busard mâle.

Chez les oiseaux de proie en général — tant diurnes que nocturnes — les femelles ont le même plumage que les mâles, mais les sexes diffèrent par le poids et la taille. Chez

l'Aigle à tête blanche, par exemple, la femelle peut dépasser son compagnon de vingt-deux centimètres.

Les Busards, eux, offrent des contrastes tels que les oiseaux semblent à première vue appartenir à des espèces différentes. Si la femelle est de couleur foncée, le mâle, plus léger, plus petit, porte un plumage gris clair.

Les Busards Saint-Martin sont migrateurs. Dès leur retour, au printemps, les mâles, qui précèdent les femelles de deux ou trois semaines, s'appliquent à prendre possession d'un territoire dont la superficie peut atteindre cinq kilomètres carrés. Ces domaines sont toujours établis au bord d'un marécage, d'un marais ou d'une prairie humide.

Avec l'arrivée des femelles commencent les cérémonies de la pariade qui sont à proprement parler grandioses. Ce rapace, qu'on voit d'ordinaire patrouiller son aire de chasse d'une allure plutôt indolente, se transforme à l'époque des amours en un acrobate d'une impressionnante souplesse.

Je fis un jour la rencontre d'un spécialiste des oiseaux de proie qui me dit avoir été le témoin d'un spectacle qu'il qualifia d'inoubliable. C'était au début de l'été. Il vit un couple de Busards s'élever dans les airs en dessinant de larges spirales, si haut qu'ils parurent se dissoudre dans les nuages. Cinq minutes plus tard — ô surprise ! — il aperçut la femelle, seule, posée sur un piquet de clôture. Quand et comment était-elle descendue là, il aurait eu bien du mal à le dire. Mais en levant les yeux, il vit fondre du ciel une masse brillante. C'était le mâle qui, les ailes au corps, descendait en piqué tel un faucon en chasse. À moins d'un mètre de sa compagne il amorça un looping frémissant et reprit de l'altitude. La femelle alors quitta son perchoir et alla le rejoindre pour recommencer leurs ascensions en spirale.

Un autre observateur décrira l'expérience suivante. Posté à proximité d'un terrain marécageux, il suivait les évolutions d'une femelle Busard qui scrutait le fond des herbes d'un vol bas et nonchalant. Survint, comme venu de nulle part, un mâle qui commença à exécuter, en la frôlant, des descentes en piqué très rapides, en forme d'U majuscule dont les pointes se situaient à soixante mètres dans le ciel. À chacune de ses remontées, arrivé au sommet du U, il s'arrêtait, culbutait sur lui-même, amorçait un nouveau piqué, remontait encore, accompagnant toujours la femelle dans sa chasse. « On aurait dit une grosse balle blanche qui bondissait dans les airs. »

Ces envolées nuptiales adopteront des formes diverses, mais toujours les oiseaux sembleront y prendre un plaisir grisant. On a même assisté à des fêtes où le mâle, parvenu au zénith, laissait tomber une proie que la femelle, volant à quelques centaines de mètres plus bas, attrapait prestement dans ses serres. Nous retrouverons d'ailleurs un peu plus loin ce rituel d'échange.

Pour le moment j'aimerais aborder un aspect singulier des amours du Busard : la polygamie. Aucune autre espèce de rapace ne la pratique avec autant d'obstination, et il est bien étrange qu'elle soit le fait d'oiseaux dont la femelle a coutume de se faire nourrir par le mâle pendant la couvaison. Il est vrai que les mâles sont légèrement moins nombreux que les femelles, encore que cette disproportion ne parvienne pas à expliquer totalement le phénomène. En règle générale, un jeune mâle ne courtise et ne sert qu'une seule compagne, mais on en a vu de plus vieux en servir trois et parfois même le double, toutes nichant à l'intérieur du même territoire.

L'élément le plus remarquable de cette affaire est que, dans les familles polygames, une femelle exercera une sorte de domination sur ses pareilles. Cette femelle *Alfa* recevra plus de nourriture au début de la saison et pondra la première. Dès qu'elle commencera à couver, une seconde deviendra la favorite et se mettra aussitôt à pondre. Et ainsi de suite. Mais brusquement le mâle reviendra à son premier amour qui, ayant couvé la première, aura bientôt à nourrir ses busardeaux. Le père lui fournira alors l'ensemble de la nourriture, plaçant de ce fait les autres femelles dans l'obligation de partir à la chasse et ainsi, pour les alimenter, de laisser les jeunes seuls au nid. Voilà comment la population des Busards se régularise d'elle-même.

Oui, je sais bien que ces dernières considérations n'intéressaient pas beaucoup Clarinette. Pour agrémenter le sujet, je l'invitai à faire, par l'imagination, une promenade dans les environs.

Un jour donc, en marchant au bord du fleuve, tu longes un bois de saules, de bouleaux et de trembles. Une bande étroite de hautes herbes sépare le bois de la grève. C'est alors que des cris stridents — une série rapide de « ki-ki-ki-ki-ki » — te figent sur place. En pivotant vers la droite, tu aperçois, posée sur une grosse pierre couverte de lichens et de mousses, la femelle du Busard qui lance d'autres sifflements rêches et perçants. À l'évidence ils te sont destinés.

Son nid n'est pas très loin, mais dans une telle circonstance il vaut mieux quitter les lieux. Un rapace peut toujours attaquer.

Imagine cependant qu'il s'éloigne — ce qu'il fera le plus souvent. En cherchant bien à proximité, tu auras peut-être la chance de découvrir à la lisière exacte du bois, bien à couvert dans la végétation basse, une plate-forme un peu lâche, grande comme une roue de bicyclette, épaisse, disons comme un oreiller, et constituée de branchettes et de radicelles. Mais ce que tu verras bien sûr, dès la première seconde, ce sont les cinq boules blanches présentant un bec crochu et qui te fixent de leurs yeux jaunes cerclés de noir.

Comment se fait-il que de tels maîtres des hauteurs construisent leur nid dans un endroit aussi visible ? C'est que le Busard, muni de longues ailes idéales pour les vols souples en terrain ouvert, est tout à fait malhabile à circuler à travers les arbres. Il nichera toujours en bordure des terrains qu'il fréquente et où il se sent à l'aise.

Ces nids, relativement exposés aux convoitises des ratons, renards, corneilles et goélands, doivent en tout temps être tenus sous bonne garde. La busarde veillera. Mais comment se nourrira-t-elle et comment surtout donnera-t-elle la becquée à ses busardeaux ? C'est le père qui deviendra le nourricier. Mais ces oiseaux ont une telle attirance pour les jeux acrobatiques que souvent ils transformeront en fête leur simple rituel alimentaire.

Voici un mâle qui s'approche, tenant entre ses serres une souris ou un mulot. Dès qu'elle perçoit des cris aigus d'une tonalité particulière, la busarde prend son essor. Le mâle alors amorce un looping et gagne de l'altitude. Elle le rejoint, mais parvenue à trois mètres de lui elle bascule vers l'arrière et lance un appel. Le busard laisse alors tomber la proie que la femelle, d'un geste vif, empoigne. Son compagnon parti vers d'autres chasses, elle revient au nid pour nourrir les jeunes en dépeçant le repas. Les parties les plus dures, le squelette, la tête, elle les avalera pour les régurgiter quelques heures plus tard sous forme de boulettes assez semblables à celles des hiboux. Ce sont ces boulettes de déjections, retrouvées en abondance autour des nids, qui permettent de connaître parfaitement le menu des rapaces.

Puisque nous parlons de proies et d'oiseaux de proie, tu es sans doute désireuse de connaître par le détail le menu des chasseurs ailés. Le moment est venu de te conduire au terrain de chasse du Busard. Ici même, devant nous, sur l'estran, j'ai été tant de fois témoin de grands spectacles qu'il n'est pas difficile d'imaginer une situation idéale.

La batture en ce moment est complètement découverte par la marée basse. Nous sommes en juillet. Des points d'eau brillent ici et là entre les foins de mer. Voici donc que vers les quatre heures de l'après-midi, une Busarde s'approche « en louvoyant avec une nonchalance virevoltante » (l'expression est de l'écrivain Simonne Jacquemard) à trois mètres au-dessus du marécage. Elle cherche. Elle inspecte le terrain de ses yeux capables de saisir le grand et le petit, de ses yeux occupant dans le crâne une place démesurée, de ses yeux constitués de cellules spéciales qui lui permettent de déceler d'infimes variations de chaleur sous la végétation la plus serrée. Le bruit le plus subtil est tout de suite capté par ses oreilles anormalement grandes, cachées sous les plumettes frisées qui forment les disques faciaux qui lui sont si caractéristiques. Brusquement son vol s'immobilise. L'oiseau papillonne un instant au-dessus d'un creux, il pivote en offrant la tache étincelante de sa queue. Et puis il tombe ! On ne voit plus que sa tête émergeant des tiges. Ses longues serres se sont-elles refermées sur un animal ?

Des centaines de fois j'ai vu chasser le Busard ; je l'ai vu quelquefois s'élever avec un crapaud, une couleuvre, un trotte-menu, un petit oiseau, mais jamais je ne l'ai aperçu en train de lier la proie. Cette œuvre-là est accomplie le plus souvent derrière l'écran de la végétation. Je sais pourtant qu'il lie au sol, en se laissant littéralement tomber sur l'animal, tarses tendus, serres déployées. La mort est foudroyante. Jamais un prédateur ne tue par sport ou par impulsion gratuite.

La chasse pour lui n'est pas une entreprise de toute facilité. On est porté à croire qu'un tueur aussi efficace fait à tout coup place nette devant lui. Allez-y voir ! Quand il survient dans la batture, au moment où nichent les Carouges à épaulettes, il est tout de suite assailli par un commando de mâles aux ailes enflammées qui le houspillent tant et si bien qu'une fois sur deux le prédateur déclare forfait.

Le 29 juillet 1980, j'ai noté dans mes carnets l'observation suivante. Ce jour-là le temps était chaud, couvert, humide. Vers la fin de l'après-midi, j'étais ici, devant cette fenêtre, quand j'aperçus un Busard qui au loin louvoyait en suivant la ligne de marée basse. Je le vis soudain prendre de la vitesse, poursuivi par une sorte de nuage noir qui, en le rejoignant, l'enveloppa tout à fait. Je saisis ma longue-vue... pour me rendre compte que ce voile aérien était en fait une nuée d'Hirondelles bicolores qui, à cette époque de l'année, se rassemblent pour gober le moustique au-dessus du grand marécage. C'est comme dissous, enfoui au centre de ce nuage harassant, que le Busard ce jour-là s'est esquivé.

Il n'y a pas que les petits oiseaux qui osent s'en prendre au Busard. L'homme, prisonnier de ses préjugés et de sa peur innée des oiseaux qui tuent, en abat des milliers chaque saison, croyant que l'oiseau lui ravit des gibiers d'eau que lui-même convoite. Il ignore que cette espèce de rapace est celle qui s'attaque le moins souvent aux canards et aux sarcelles. Il y a quelques décennies, aux États-Unis, des biologistes avaient analysé l'estomac de cent vingt-quatre Busards. Sept seulement contenaient les restes des jeunes Anatidés. En revanche quatre-vingts renfermaient des souris et des rats. À ce propos il importe de savoir que le Busard ne dédaigne pas à l'occasion un peu de charogne. Les sarcelles qu'il réussit à prendre sont peut-être tout simplement des oiseaux blessés par les chasseurs.

Un jour de fin août, en 1978, il me fut donné d'observer ici même deux Busards en chasse, une femelle et un immature, ce dernier reconnaissable à sa poitrine d'une couleur cannelle plus franche et plus grave. Je les vis s'approcher d'un étang où barbotaient une trentaine de Sarcelles à ailes bleues. Pendant que les survolaient les deux chasseurs, les Sarcelles bougèrent un peu, ouvrirent leurs ailes, firent mine de s'envoler, sans paraître dérangées outre mesure par cette présence.

S'il y a une chose sur laquelle s'accordent les connaisseurs, c'est bien sur le fait que le Busard Saint-Martin est un sérieux destructeur de souris, de mulots, de campagnols et de rats. Dans le sud des États-Unis, par ailleurs, l'oiseau rend de précieux services en s'attaquant aux Goglus et aux oiseaux noirs qui l'automne font des razzias dans les rizières.

Je l'avouerai sans forfanterie : j'aime le Busard. J'aime son apparition rituelle, à l'aube ou vers la fin de l'après-midi, de mai à octobre, au-dessus de la batture. J'aime son vol indolent, son passage ralenti qui permet d'admirer les nuances de son vol et de ses couleurs. J'aime le voir freiner brusquement, amorcer un virage avec la précision d'un danseur et tomber d'une seule masse sur ce qui rôde parmi les herbes.

Pour régulière, pour fréquente qu'elle soit, l'apparition du Busard est toujours marquante. Sans lui, la batture ne serait pas aussi large, ne paraîtrait pas aussi foisonnante.

Les oiseaux de proie — les aigles, les buses, les éperviers, les faucons — exercent sur l'esprit une puissante fascination, vieille comme l'humanité elle-même, fascination faite d'un peu de crainte et de beaucoup d'admiration. L'oiseau de proie maîtrise le vide. Il est celui qui voit tout, celui qui se perd dans les hauteurs, celui qui surplombe. Il fait à cause de cela immensément rêver.

— Moi, il me fait rêver que je veux plus avoir peur, me confia Clarinette.

RAVI, ÉVEILLÉ

Cette batture, à la naissance de l'estuaire, serait-elle pour moi aussi envoûtante sans la présence des grandes Oies des neiges qui, chaque année, d'avril à la fin de mai, viennent y faire halte avant de repartir pour la Terre de Baffin ? Ici, juste devant le chalet, est le lieu des contemplations portées par l'incessant jargon des oiseaux blancs. Lieu fertile aussi en spectacles singuliers : le paysage tout à coup s'anime d'une vie étrange, la seule à pouvoir vraiment combler l'écouteur de nature, et parfois même le ravir, au sens premier du terme.

J'étais donc l'autre jour assis devant la grande fenêtre. Sur toute l'étendue du marécage, une confrérie de plusieurs milliers d'oies sauvages participaient à leur festin de scirpe, les unes enfouissant la tête entière dans la vase pour rompre les racines, les autres jacassant et déambulant en se dandinant, pendant qu'à leurs postes, en périphérie, les sentinelles, immobiles, l'œil prompt, montaient la garde.

Un monomoteur, sur ces entrefaites, déboucha de la pointe de la Croix et survola le fleuve à moyenne altitude. D'un seul mouvement les oies déployèrent leurs ailes, créant sur l'air une pression qui me secoua. Elles se réunirent en aboyant, tournèrent devant le chalet, lumineuses et bruissantes, et se déplacèrent vers le fond de l'anse où elles se posèrent pour continuer leurs ripailles. Le spectacle déjà avait tout pour émouvoir les moins sensibles, mais ce qui se passa sur la rive opposée, au pied du cap Tourmente, vers le nord, se fixa dans ma mémoire. Je vis la grève entière, qui était blanche sur plusieurs kilomètres, se détacher d'une seule masse, s'élever à hauteur d'arbres, devenir un tapis vibrant qui ondulait. L'immense tissu tourna un moment au-dessus du fleuve, s'allongea, resplendit sous le soleil, puis vint reprendre son état placide de plage étincelante.

Vues de loin, les oies sauvages sont de la neige ; le passage d'un avion les fait toujours poudroyer.

On n'a pas idée des surprises que nous réservent une volée de grandes oies. N'avais-je pas été, quelques semaines plus tôt, le témoin de l'un des plus étranges spectacles offerts à un Nord-Américain émergeant de l'hiver ?

C'était un après-midi d'avril entre soleil et grisaille. Je roulais sur le boulevard Laurier, à Sainte-Foy, près de Québec, en direction de l'ouest. Au plus loin, l'horizon se mit à bouger puis à onduler. Un fin nuage noir s'approchait en s'étirant, en se balançant, en variant sa forme. Ce nuage tout à coup hésita. Au lieu de filer vers les Laurentides comme il semblait s'y préparer, il modifia son cap, changea d'apparence, allongea son dessin et revint vers le fleuve en suivant un moment le tracé du boulevard. Le feu de circulation passa au rouge, m'octroyant une minute de contemplation parfaite. Je vis alors ce nuage se décomposer, s'effilocher en une succession de bandes superposées et révéler enfin sa véritable nature. Ces lignes étaient formées de dizaines de milliers d'Oies des neiges en migration, offrant ainsi, sur l'écran d'un ciel urbain, une féerie inoubliable.

La vue des grands migrateurs a toujours eu sur moi un curieux effet : elle me déleste tout soudain de mon poids et me fait partir vers les hauteurs. Ai-je raison de grimper si haut ? Les oiseaux, me dira-t-on, ne hantent quand même pas des régions situées au-delà des nuages. En est-on si assuré ? Je me vois donc forcé de révéler ici ce dont m'a fait part l'un des plus renommés parmi les spécialistes des oies blanches, à l'époque où je travaillais dans un bureau voisin du sien. En avril 1979, ce biologiste reçut la visite d'un collègue anglais qui lui raconta l'histoire suivante.

Un mois plus tôt, la DCA britannique avait reçu une alerte aérienne, le radar ayant détecté à neuf mille mètres la présence d'un objet volant non identifié. Des avions chasseurs décollèrent sans tarder et filèrent en direction de la présence suspecte. Parvenus à vingt-neuf mille pieds, les pilotes n'en crurent pas leurs yeux : au lieu d'un aéronef ils aperçurent un volier de Cygnes de Bewick qui, en formation de vol en V, se dirigeaient vers le nord-ouest, c'est-à-dire en direction de l'Islande. Les pilotes enregistrèrent la température à cette altitude : moins vingt-neuf degrés Celsius. Ils en profitèrent pour noter les conditions de vent. De retour à leur base, ils ajoutèrent à leur rapport l'observation suivante : les oiseaux ne battaient presque pas des ailes ; ils avaient l'air de planer et pourtant ils avançaient à bonne allure.

Je posai au docteur la question qui me brûlait : « Pourquoi les cygnes volaient-ils si haut ? » La réponse fut à peu près celle-ci : l'oiseau est prêt à de grands efforts pour gagner quelque avantage de vol, fût-il minime. En montant à cette altitude, les cygnes savaient que là souf-flaient de grands vents capables de les porter jusqu'à leur site de nidification situé en Islande. On sait maintenant que ces oiseaux ne sont pas seulement poussés par le vent ; ils s'installent sur lui en quelque sorte et se laissent porter.

Autre fait à peine croyable : à neuf mille mètres, les larges voyageurs pouvaient en survolant les îles Britanniques deviner au loin les côtes islandaises. Ils réglaient du même coup leurs problèmes de direction et de navigation.

Je n'attendis pas l'avis de l'homme de science pour établir une parenté entre le vol des cygnes et celui des

Grandes Oies des neiges. Quand elles quittent la batture aux rigolets — et tout l'estuaire du Saint-Laurent — autour du 23 mai en direction de l'Arctique, sans doute vont-elles, elles aussi, glisser sur les couches supérieures de l'air. Peut-être même dorment-elles un peu là-haut, couchées sur les hauts vents, pour ne s'éveiller qu'à l'approche de leur but.

TOI QUI PÂLIS AU NOM DU TÉTRAS SOMBRE

Ce qui m'a toujours paru important, dans mon travail de naturaliste, ce n'est pas tant de rendre compte des éléments les plus spectaculaires de notre décor que de cheminer à travers les réalités immédiates, de prêter l'oreille, de tenter d'ouvrir les yeux pour saisir ce qui palpite parfois à deux pas de notre porte. Plusieurs fois j'ai fait le tour de ma maison, essayant d'exprimer la vie formidable qui module et siffle à fleur de terre, la musique souvent discrète de tous les êtres qui accompagnent notre si bref passage sur la terre.

Et puis, un jour, les grandes volées qui passent en criant au-dessus de mon toit m'ont donné le désir de faire, moi aussi, le vaste voyage d'Amérique. Il m'arrivait bien sûr de quitter les abords de la batture. J'avais déjà conduit mes lecteurs et mes auditeurs dans les îles du golfe Saint-

Laurent, dans les marécages de Floride, dans les déserts de Californie, mais je n'avais pas encore fait le récit de cette excursion qui m'a, il n'y a pas si longtemps, conduit à l'autre extrémité du Canada.

Il y a une dizaine d'années, un bref séjour à Vancouver m'avait permis de constater qu'un nombre impressionnant d'oiseaux passent l'hiver dans ce lieu béni où le Fraser s'ouvre et se ramifie en plusieurs bras avant de rencontrer le Pacifique. À quelques kilomètres de Vancouver, sur cette prodigieuse *Active Pass* qu'emprunte le traversier reliant la côte à la ville de Victoria, j'avais pu observer, pendant que les orques croisaient sans cesse à notre proue, une trentaine d'Aigles à tête blanche, des centaines de Grèbes de l'Ouest, des milliers de canards de toutes espèces. On estime à quatre millions le nombre d'oiseaux aquatiques qui suivent la voie migratoire du Pacifique en automne. Cent trente-sept espèces choisissent de passer l'hiver dans les environs de la ville.

Cette première visite m'avait vraiment mis en appétit. Avide de la musique des oiseaux, j'entretenais toujours le rêve d'aller entendre chanter ceux de Vancouver pendant la saison où les arbres en fleurs rosissent la ville entière. J'avais entendu parler d'oiseaux rares et fabuleux, de chanteurs énigmatiques menant une existence furtive sous les hautes futaies humides. L'un des plus curieux représentants de la faune avienne du monde habite justement au bord des nombreux torrents qui dévalent les montagnes de la Colombie-Britannique. Il s'agit d'un petit oiseau de la grosseur d'un Étourneau, le Cincle d'Amérique, dont le plumage grisâtre se confond avec les cailloux qui bordent les cours d'eau sauvages. Son nom anglais *Dipper* nous renseigne sur son habitude la plus remarquable, celle de trouver sa nourriture en plongeant. Mais le Cincle n'est pas un plongeur ordinaire. Il est en fait le seul passereau capable de marcher et même de courir sur le fond des rivières torrentueuses. Pour cet exercice inusité, la vie l'a muni d'ailes tronquées, d'un plumage parfaitement étanche et d'une troisième paupière qui lui permet, à des profondeurs atteignant trois fois la taille d'un homme, de voir sous l'eau.

Été comme hiver, le Cincle patrouille dans le lit des torrents ; c'est un être qui aime la solitude des habitats sauvages. Bien peu de personnes ont pu apercevoir cet oiseau secret, moins encore ont entendu son chant délicieux, pareil au ramage énergique du troglodyte, que recouvre la plupart du temps le tumulte des eaux bouillonnantes.

Je m'envolai donc vers la côte Ouest en compagnie de Dan, un camarade de travail à la radio, spécialiste de la prise de son. Dan est le compagnon idéal pour ce genre d'expédition : bon et franc jusqu'au bout des doigts, affichant en toute occasion une tranquillité de moine, il est doué de l'oreille et du regard de ceux qui à chaque instant viennent au monde. À Vancouver nous attendait James

King, un biologiste dont j'avais fait la connaissance durant mon premier séjour et qui avait accepté de nous guider durant les deux premiers jours de notre périple.

La ville est très étendue et elle occupe un des sites les plus prenants d'Amérique du Nord. Le centre-ville, là en tout cas où s'élèvent les gratte-ciel, se partage, avec le fameux parc Stanley, l'étendue d'une presqu'île qui sépare la baie des Anglais du fjord Burrard. C'est dans ce périmètre que les premiers jours nous avons concentré nos efforts.

Le soir même de notre arrivée, le hasard nous gratifia d'un spectacle coutumier aux habitants de la ville et qui nous fit grande impression. Nous descendions l'une des avenues du centre quand un bruit qui m'était familier me fit sursauter. J'aperçus alors, se frayant une voie à travers de hauts édifices de verre et de béton, un couple de Bernaches qui filaient à bonne hauteur. Notre guide nous apprit que la Grande Oie du Canada, race confinée jusque-là à l'est et au centre du continent, avait été introduite quelques années auparavant à Vancouver et que, comme toute espèce introduite, elle avait du mal à trouver sa « niche écologique ». On rencontrait donc ces oiseaux fameux en pleine ville, essayant d'établir leur nid sur les terrains vagues et même au centre des terrains de golf : un tableau navrant pour qui considère la Bernache comme le symbole de la sauvagerie nordique. Nous étions en train de discuter des conséquences de la transplantation irraisonnée des espèces animales (mais peut-être est-ce justement fait pour cela une ville : accueillir qui devra ensuite s'adapter) quand notre attention se tourna vers un fort agréable chant d'oiseau qui tentait de trouver sa place à l'intersection de deux rues très animées. Il devait être sept heures du soir. Sur un fil électrique, juste au-dessus du trottoir, en plein cœur du quartier des affaires et des grands hôtels, un Roselin familier offrait gratuitement aux passants la fine cascade de ses notes liquides.

La présence des oiseaux sauvages au centre de Vancouver n'est pas exceptionnelle. Vous circulez par exemple sur le campus très boisé de l'Université quand, le plus simplement du monde, à quelques mètres devant vous, apparaît un saisissant Aigle à tête blanche qui plane un moment à faible hauteur pour venir se percher sur un cèdre, au bord du chemin. Vous avez tout loisir de l'observer tant il est à votre portée. Mais, nous l'apprendrons au cours de notre voyage, les aigles sont à ce point communs à Vancouver que plus personne ne tourne la tête pour les admirer.

Qui a déjà pâli au nom de Vancouver[1] a sans doute vibré également à celui de Stanley Park, l'un des plus célèbres parcs urbains du monde, aussi bien par ses dimensions que par la forêt typique qu'on y a conservée et

---

1. Le poète belge Marcel Thiry a publié jadis un recueil de poèmes magnifiquement intitulé: *Toi qui pâlis au nom de Vancouver.*

aménagée. J'avais toujours rêvé d'aller voir des oiseaux dans ce parc au printemps. C'est donc là que, le premier matin, nous dirigeâmes nos pas. Nous fûmes accueillis par les vociférations de la Corneille d'Alaska, très proche cousine de notre Corneille, reconnaissable à ses dimensions plus modestes et à ses clameurs plus rauques. En marchant sur les sentiers frayés, nous avons braqué notre microphone vers les sous-bois. Bien cachés dans la végétation, des oiseaux chantaient : une Mésange à dos marron, une Paruline verdâtre, un Tohi aux yeux rouges que nous confondîmes tout d'abord avec un Moqueur chat tant leur cri d'alarme est semblable.

Au beau milieu du parc, la forêt s'ouvre brusquement sur le lac aux Castors. Un sentier, très fréquenté par les matinaux en souliers de course, le contourne entièrement. Ce matin-là, le lac surabondait d'entrain : les hirondelles le survolaient en venant picorer prestement à la surface, des Grands Hérons pêchaient, deux familles complètes de Canards huppés, merveilles de toutes les merveilles aquatiques, naviguaient sans crainte près de la rive. Puis, un couple de Malards nous attirèrent par leur animation ; mâle et femelle se poursuivaient avec frénésie et élégance, et ce fut bientôt l'acmé de la fusion qui mit fin à leurs courses folles.

Où que vous vous trouviez, à Vancouver, vous apercevez vers le nord, de l'autre côté du fjord Burrard, les sommets enneigés des montagnes côtières. Après une journée d'exploration dans le parc, où tout enregistrement était rendu difficile par la rumeur de l'autoroute qui le traverse de bout en bout, les montagnes de la rive nord commencèrent à m'appeler. Là devaient se trouver, je l'espérais, mes oiseaux fabuleux. Le lendemain, nous fouillâmes les bords de la Capilano à la recherche du Cincle, mais en vain. Puis nous prîmes la route qui grimpait vers Cypress Park, entrant subitement, à mi-chemin, à l'intérieur des nuages qui, ce jour-là, baignaient les cimes blanches.

En sortant de la voiture, nous fûmes tout à coup enveloppés par un silence ouaté, laiteux, compact comme l'air frais et humide qui régnait là-haut. Ce brouillard nous dérobait le paysage entier. Nous entendions tout près le faible ruissellement d'un torrent de montagne, rien d'autre. Quel monde étrange, pensai-je, assez semblable aux régions sans contours que nous traversons parfois dans les rêves ! Dans le lointain nous perçûmes finalement un bruit qui nous intrigua : comme un martellement creux émis à intervalles réguliers, un ululement enfoui sous une couette de coton. Aucun de nous ne pouvait expliquer l'origine de l'étrange appel. Était-ce un animal ? Était-ce une méthode de signalisation acoustique servant à orienter les skieurs perdus dans le brouillard ? Puis un sifflement prolongé, donné sur le mode mineur, traversa le brouillard.

— C'est le chant du Merle à collier, dit simplement James King.

— Le Merle à collier ? Je rêve de l'entendre depuis des années. Peut-être pourrions-nous l'enregistrer ?

Le Merle à collier ressemble beaucoup à notre Merle d'Amérique, mais sa poitrine orangée est traversée d'un plastron noir qui s'élargit vers le centre. Il fréquente la grande forêt de conifères de l'Ouest.

— On connaît encore peu de chose de son histoire naturelle, ajouta le biologiste.

Dan le technicien se prépara à escalader la pente enneigée qui devait, selon lui, conduire à l'oiseau, mais nous estimâmes qu'il était trop éloigné. Nous sommes restés là de longues minutes dans l'attente d'une visite, mais il demeura invisible.

Cette excursion dans les montagnes aviva mon désir d'entendre de plus près et de capter le chant simple, dépouillé à l'extrême, mais si évocateur, du Merle à collier. Avant de nous quitter, King, notre guide, nous conseilla d'aller faire un tour du côté de Lighthouse Park, résidu d'une forêt primitive qui occupe une pointe rocheuse à l'ouest de la ville. Dès l'aube, le lendemain matin, nous y étions.

Ce parc était d'une émouvante beauté avec ses nombreux sapins de Douglas dont le diamètre atteignait les deux mètres. (Certains de ces géants poussent jusqu'à cent mètres dans le ciel leur tronc large comme une petite maison.) Dans leur ombre vivaient, entre autres essences, des arbousiers, ces arbres tropicaux privés d'écorce, aux feuilles toujours vertes et qui connaissent à Vancouver leur limite nordique. Le souffle coupé, nous admirions les fûts rectilignes des hauts sapins et les flèches de lumière qu'ils laissent percer jusqu'aux sous-bois.

— Là-bas, au fond du bois, murmura Dan, c'est le même martellement sourd que nous avons entendu, hier, sur la montagne.

Quelques minutes de marche difficile nous rapprochèrent suffisamment de la source sonore pour nous permettre de réaliser une réception acceptable. Mais qu'est-ce qui pouvait bien produire ces soupirs tambourinés, ces roucoulements sombres, coups de corne marine enfouis dans un corps ? Il me sembla que l'origine du bruit se trouvait au sommet d'un escarpement rocheux que j'entrepris d'escalader, non sans effort. Là, je vis tout de suite, sur la branche la plus basse d'un sapin, un gros oiseau au plumage foncé, portant deux excroissances jaunes, bien visibles au-dessus de l'œil. « Le Tétras sombre ! C'est le Tétras sombre ! » me dis-je à moi-même. (C'est le représentant le plus corpulent de cette famille qui regroupe gélinottes, perdrix et tétras ; il ne se rencontre que dans les forêts de la côte occidentale de l'Amérique du Nord.) L'excitation me gagna ; je dévalai la pente raide et courus avertir Dan, qui accepta avec enthousiasme de me suivre là-haut avec la lourde *Nagra* en bandoulière et le micro parabolique au poing.

L'oiseau n'avait pas bougé d'une plume. Nous pouvions voir les gonflements répétés de ses sacs gulaires chaque fois que violemment il en expulsait l'air, produisant, par secousses, ce chant si bizarre qui possède, avec d'autres qualités, celle de porter à très grande distance — tant il est vrai que ce ne sont pas toujours les tonitruants et les *forts-en-cris* qui atteignent les oreilles lointaines. À pas de lynx nous vînmes jusque sous l'arbre même où il était perché et enfin nous pointâmes vers lui le microphone.

Les jours suivants, il plut abondamment, ce qui ralentit nos excursions en forêt. La veille de notre départ pour le Québec, je m'éveillai au point du jour avec la tenace intuition que le Lighthouse Park ne nous avait pas révélé toutes ses richesses. Un coup d'œil par la fenêtre de ma chambre me permit de voir que le ciel, sans être tout à fait limpide, promettait quelques heures de temps sec.

Une demi-heure plus tard, nous y étions. En ouvrant la portière de l'auto, je me tournai vers mon compagnon :

— Entends-tu quelque chose ?

— Oui, comme un sifflet de boy-scout au loin.

Je n'en revenais pas. À la cime d'un sapin, le Merle à collier sifflait, comme si un apprenti mélancolique poussait une seule note à la fois dans une flûte rudimentaire. Au terme d'une course fiévreuse à travers la dense forêt aux troncs moussus, nous pûmes nous rapprocher suffisamment de l'oiseau pour capter de son chant un enregistrement satisfaisant. Il ne s'agit pas là d'une musique très ambitieuse, c'est le moins qu'on puisse dire, mais je considère que le sifflement de cet oiseau, monocorde bien qu'émis sur des tons différents, possède une couleur de mystère en accord parfait avec ces colonnes de bois sombre parmi lesquelles on se croirait au milieu d'un temple oublié.

Avec cet enregistrement inespéré de l'une des grives les plus secrètes d'Amérique, j'estimais que notre mission était accomplie. Nous étions occupés à ranger les appareils et nos vêtements d'excursionnistes dans le coffre de la voiture, quand j'aperçus un trotte-menu qui filait sur le tronc renversé d'un arbre, à deux pas de nous.

— Ce n'est pas une souris, suggéra Dan, calmement comme à son habitude.

En y regardant d'un meilleur œil, je me rendis compte qu'il s'agissait plutôt d'un oiseau minuscule, un des plus petits du Canada, le Troglodyte des forêts, qui s'affairait à transporter des bouts d'herbe au fond d'une cavité où il avait dû établir son nid. Quelques minutes plus tard, il chanta. Quelle merveille que cette irruption sonore, cette architecture en dentelles, cette ferveur de notes claires, débordement enflammé de tintements cristallins et de gazouillis zézayés, donnés avec tant de force que le chant semble ne jamais vouloir finir.

Cette rencontre de dernière heure me remplit d'un sentiment d'irrépressible jubilation. Cet oiseau minuscule,

le seul des soixante-trois membres de sa famille à avoir
quitté l'Amérique et à avoir, dans les très vieux temps,
franchi le détroit de Béring pour aller essaimer en Sibérie,
se répandant par la suite en Asie et en Europe, atteignant
même l'Angleterre où il est traité avec affection ; ce petit
être à peine visible sur le fond obscur des grands bois me
paraissait exprimer à sa manière le sens de mon travail :
cheminer, où qu'elle se trouve, dans la nature vivante,
m'attarder devant les êtres menus et m'ouvrir à l'enchantement qu'ils peuvent offrir. Cet enchantement, nous en
avons parfois besoin pour pacifier, ne serait-ce qu'un
instant, les orages qui nous hantent, pour mettre un peu de
baume sur cette secrète douleur qui est le lot de tous les
mortels. Jamais je n'ai voulu restreindre le regard au fond
du jardin. Je n'ai jamais donné à croire que le bonheur
suprême se trouve dans un chant d'oiseau. J'ai toujours cru
cependant que cette ivresse si particulière puisée dans la
contemplation des présences vivantes nous place sur la
voie, non seulement de la tolérance, mais d'un élargissement de la sensibilité, puis de la pensée.

Il me plaisait assez que ce fût justement le Troglodyte
des forêts qui me le rappelât, lui qui, d'arbre en arbre, de
forêt en forêt, d'un continent à un autre, a osé entreprendre le grand périple universel.

LE SPHINX
AUX YEUX JAUNES

Permettez-moi de vous présenter la merveille la plus singulière de la nature boréale, l'être dont la pure beauté et la force pleine de souplesse évoquent parfaitement les immensités qu'il peuple. C'est un des plus beaux oiseaux de la terre, un des plus saisissants en tout cas. Vous l'avez peut-être vu, à l'état naturel, l'hiver, à la campagne ou aux confins des villes, perché placidement sur un piquet de clôture ou à la cime d'un conifère. Jadis, c'est après être passé par l'atelier du taxidermiste qu'il allait, dans les maisons, consommer son éternité de bibelot sur une tablette ou le plus souvent sur un piano, flanqué d'une photographie représentant un oncle à fusil ou une grand-mère coiffée d'un chapeau à plumes. Vous vous souvenez maintenant, j'en suis sûr, de ce hibou tout blanc dont la grosse tête ronde s'allumait d'yeux jaunes. Appelé autrefois Chouette blanche, Hibou blanc, connu aujourd'hui sous le nom de Harfang des neiges, c'est le plus impressionnant des cent vingt-trois espèces de ces chasseurs ailés de la nuit.

Cousin du Grand duc, de la Chouette rayée, de la Chouette cendrée, du Hibou des marais, de la Chouette épervière — pour ne nommer que des espèces présentes au Québec — le Harfang est seul de son monde à nicher dans le Grand Nord. Et pas seulement dans l'Arctique canadien ; toute la toundra circumpolaire, au nord du soixantième parallèle, offre le gîte au Magnifique. Ce sont les Suédois qui l'ont nommé *Harfaong*, mot qui en leur langue signifie : celui qui mange les lièvres. Les Inuit, eux, pour le nommer, utilisent les termes *Ukpialuk* ou *Ukpik-juak* selon les dialectes. (Notez la racine *ukpik* que nous retrouverons tout à l'heure.)

Chez nous — au sud du Canada et au nord des États-Unis — c'est durant l'hiver que nous aurons l'occasion d'apercevoir le Harfang. Certaines années où les Lemmings, sa proie d'élection, se font plus rares dans l'Arctique, ces oiseaux se livrent à de véritables invasions au sud de leurs territoires de nidification. Les hivers 1926-27, 1945-46, 1974-75, 1980-81 restent célèbres pour la présence massive des Harfangs. Néanmoins, pour des raisons qui demeurent obscures, au cours de la dernière décennie, ils ont pris l'habitude d'apparaître chaque fin d'automne.

En 1981, de janvier à avril, il m'a été donné de voir à plusieurs reprises un Harfang mâle à Charlesbourg, dans la banlieue de Québec. Il occupait un domaine jouxtant le chemin Bourg-Royal, une voie de grande circulation automobile. On le voyait, en plein jour, debout sur un des trois monticules (de terre ou de fumier) qui s'élevaient au centre d'un champ dégagé. Parfois il se tenait au faîte d'une longue épinette solitaire, à l'extrémité du terrain. Incidemment, les Harfangs occupent et défendent un territoire d'alimentation quand ils descendent au Sud pendant la saison dure. Puis, en avril, ils regagnent les steppes arctiques où ils établissent un autre territoire, pour nicher cette fois. C'est à ce moment-là que leur existence révèle ses caractères les plus colorés.

Chez les Harfangs, comme chez tous les oiseaux de proie, c'est la femelle qui prime par la taille. Ses ailes déployées coïncideraient avec l'ombre d'un humain ouvrant ses bras en croix.

Si le mâle offre un plumage d'un blanc presque pur, la femelle a le sien abondamment marqué de courtes rayures noires. Mais tous deux ont les yeux jaunes, le bec noir et crochu, et camouflent leurs serres sous de curieuses guêtres de plumes blanches.

En mai, le court printemps arctique commence à ruiner la glace ; les Hiboux des neiges prennent alors possession d'un espace qui présentera cette qualité de contenir des monticules rocheux du haut desquels ils surveilleront la plaine dénudée. C'est dans ce territoire qu'ont lieu les cérémonies de la pariade. Pendant plusieurs jours le mâle se livre à des vols ondulés en surplomb de la femelle qui se tient immobile à l'endroit même où sera construit le nid. Ces vols s'accompagnent de hululements sourds, portant à des kilomètres dans l'immensité blanche. Mais l'épisode le plus étonnant de cette cérémonie demeure celui où le mâle vient déposer devant sa compagne, en cadeau rituel, le lemming qu'il vient de chasser. L'élément remarquable de cette offrande symbolique ne réside-t-il pas dans le fait que le nombre de proies offertes varie ? Des observateurs ont récemment découvert que le nombre de présents correspond, dans la plupart des cas, à la quantité d'œufs que la femelle pondra et couvera. Les années où les lemmings abondent, la femelle pondra jusqu'à dix œufs. Aux périodes de disette, elle peut ne pas pondre du tout.

Le Harfang des neiges est le seul hibou à nicher directement sur le sol. Dans une légère dépression ou simplement à l'abri de blocs de pierre, la femelle, sur un lit de plumes et de duvet, déposera ses œufs : un tous les deux jours environ. À l'instar de tous les rapaces, elle commence à couver tout de suite son premier œuf, ce qui aura pour conséquence de préparer, dans une même nichée, des jeunes d'âges différents. Ces années où le gibier abonde, les derniers-nés auront quelque chance de survivre. Dans le cas contraire, une délicate opération de planification des naissances réduira la couvée, technique qui s'ajoute à celle qui a été mise en lumière par l'offrande de nourriture au moment de la pariade.

En hiver, les Harfangs chassent en solitaires, mais pendant l'été le couple collabore étroitement; c'est le mâle qui apporte la nourriture, c'est lui qui assure la garde du territoire et la sécurité de la nichée. À la naissance des jeunes, la femelle restera le plus souvent au nid pour les protéger contre les froids subits et contre les prédateurs. Les voyageurs de l'Arctique ont tous été séduits, sinon émus, par le spectacle de cette boule blanche immobile sur ses œufs, plumes ébouriffées par le vent opiniâtre. Le mâle, lui, passe les longues journées de vingt-quatre heures sur son monticule rocheux à scruter les alentours, le plus souvent silencieux. Mais que s'approche un intrus — un renard par exemple — il jette un cri grinçant, sorte de jappement écorché qui produit, chez l'humain à tout le moins, un effet d'épouvante.

Pendant qu'il surveille la steppe du haut de son perchoir, le Harfang ne bouge que la tête, avec des mouvements giratoires qui révèlent une particularité de son anatomie. On sait que les yeux des hiboux sont fixes dans leurs orbites, mais l'extrême souplesse de leurs vertèbres cervicales leur permet un pivotement de la tête jusqu'à deux cent soixante-dix degrés. (L'homme le mieux exercé ne peut couvrir qu'un angle de cent quatre-vingt-dix degrés.)

L'oiseau soudain ouvre ses ailes larges et longues et prend son essor. Il ne gagne pas en altitude, il vient raser le sol en planant, puis, avec calme, avec une précision infiniment déliée, il étend les deux serres, saisit le petit animal et, d'un vol puissant et régulier, il revient à son point de départ.

Quelle est donc cette proie qu'il vient de saisir, sans apparence d'effort ? On peut parier qu'il s'agit d'un Lemming variable, petit rongeur de la même famille que les rats et les souris. Les Esquimaux le nomment *Kilang Miutak* : la manne venue du ciel. En certaines périodes ils deviennent si abondants qu'ils semblent êtres tombés avec la neige. (Un lemming en captivité peut avoir, en une seule année, seize portées de quatre à huit petits...)

Après une chute brutale de leur population, les lemmings pour ainsi dire disparaissent ; on retrouve un individu tous les dix arpents. L'année suivante, leur nombre déjà augmente. La troisième année, ils sont partout. Leurs tunnels serpentent sous la mince végétation de la toundra. Ils arrivent, la quatrième année, au sommet de leur cycle et leur population explose. Chaque arpent de terrain voit courir cent cinquante rongeurs qui creusent jusqu'à quatre mille terriers : une ruche ! Ces années-là, les Harfangs, bien nourris, croissent en nombre.

Il faut beaucoup de nourriture pour satisfaire un chasseur de cette envergure. Un adulte peut avaler, en un mois, quelque trois cents petits rongeurs, ce qui est énorme. On comprend dès lors quels services il peut rendre aux fermiers lorsqu'il s'installe dans les campagnes, l'hiver, pour chasser la gent trotte-menue, tenant son poste sur un silo à grains ou même sur l'arête d'un toit. De ces proies à la queue fine, il est le spécialiste au maintien tranquille.

Un jeune, pendant les cinquante jours qu'il met à parfaire sa croissance et son apprentissage, est d'une gourmandise confinant à la voracité. Il engloutira tout entiers jusqu'à six rongeurs par jour. Les sucs gastriques dissolvent les chairs ; les os et la fourrure sont régurgités en petites boulettes solides, à proximité des perchoirs ou du nid.

Incidemment, quelques jours après sa naissance, le petit Harfang se présente sous l'apparence d'une boule soyeuse de duvet blanc, piquée d'yeux dorés, énormes. C'est bien lui que les Inuit appellent Oukpik et que plusieurs enfants du monde ont reçu comme jouet de peluche. Quelques semaines plus tard, Oukpik acquerra le plumage typique de l'espèce : l'épaisse couche de duvet se couvre de plumes abondantes et légères qui forment l'isolant remarquable grâce auquel l'oiseau maintiendra constante la température de son corps à quarante degrés Celsius, sous des froids d'outre-monde. Les plumes des hiboux, on le sait

sans doute, sont des merveilles : longues, souples, finement séparées les unes des autres, elles possèdent des pennes si molles et des barbes si flexibles que le vol, malgré sa puissance, sera d'un silence de coton. Rarement une proie entendra venir vers elle le fantôme qui l'enserrera.

Ce plumage, c'est la première arme des hiboux et des chouettes, mais ils en ont d'autres. La vue d'abord. La rétine de leur œil n'est-elle pas couverte de cellules se présentant sous la forme de bâtonnets extrêmement sensibles à la lumière et dont la densité excède de beaucoup celle de l'organe humain ? Cette capacité, doublée d'une pupille qui se dilate pour laisser entrer la plus fine lumière, rend hiboux et chouettes maîtres de la quasi totale obscurité.

Est-il nécessaire d'ajouter que ces oiseaux ont besoin de cent fois moins de lumière que nous pour voir avec précision ?

Le Harfang des neiges, au surplus, qui s'est adapté au soleil constant des étés arctiques, chasse aussi bien le jour que la nuit. Pour donner une idée de cette extraordinaire acuité visuelle, je rapporterai le fait suivant. En juin 1980, mon ami Frund, cinéaste et naturaliste, se trouvait dans le Grand Nord pour tourner un film sur le Harfang. Il avait installé une cache de toile blanche à quarante mètres d'un nid occupé par une femelle et ses quatre oukpiks. Dans la paroi, il avait pratiqué un seul petit trou de la grosseur d'une pièce de monnaie, qui ne laissait poindre que l'objectif de la caméra. La mère s'était habituée à la présence de ce curieux monticule, mais chaque fois que s'amorçait *à l'intérieur de l'œil mécanique* un infime mouvement de focalisation, elle le discernait et manifestait sa désapprobation en quittant le nid pour un moment.

Mais au fait, est-ce bien avec les yeux que l'oiseau avait perçu la présence insolite ? N'était-ce pas plutôt par audition, tant il est vrai que si la vue des hiboux est légendaire, leur sens de l'ouïe est peut-être d'une précision encore plus achevée. C'est là un aspect de leur morphologie que l'on ignore le plus souvent.

On sait que leurs yeux sont cerclés de grands disques faciaux qui n'ont, quoi qu'on pense, aucune fonction pour la vision. C'est à permettre une meilleure acuité auditive que curieusement ils servent. En réalité, ces éventails de fines plumes agissent comme des réflecteurs paraboliques conduisant les ondes sonores aux oreilles qui y sont cachées. Les chasseurs nocturnes peuvent, outre les sons très graves, saisir des fréquences atteignant quelque vingt mille cycles/seconde alors que nous ne pouvons capter celles qui excèdent huit mille cinq cents cycles/seconde. Ils pourront ainsi entendre de très loin le cri d'une souris et le pas d'un lièvre.

Les rejetons du Harfang ne restent pas oukpiks très longtemps. À l'âge de trois semaines ils prennent déjà leurs distances par rapport à la nichée, bien qu'ils jouissent encore quelque temps de la protection du couple pourvoyeur de pitance. Quatre semaines plus tard leurs serres sont formées. Un autre mois s'écoulera avant qu'ils puissent voler.

Plusieurs d'entre eux passeront l'hiver, et peut-être même leur vie entière, autour du Pôle. D'autres, vers le mois de septembre, ces années où les lemmings se font rares, commenceront à se déplacer vers le Sud. Ils traverseront de poste en poste le pays de la terre sans arbres, atteindront la forêt boréale subarctique (la taïga), puis gagneront la région des conifères qu'ils franchiront pour atteindre les terrains défrichés, préférant, pour chasser, les espaces où la vue porte loin.

C'est avec les premières neiges qu'ils nous arrivent à la fin de l'automne. Une fois leur aire de chasse bien circonscrite, ils élisent quelques postes de guet du haut desquels ils se tiennent à l'affût. Que survienne le plus imperceptible déplacement d'un mulot sous la neige et les voilà sur l'aile.

Quand il m'arrive, au plus dur de l'hiver, de voir le Magnifique sur son piquet de clôture, essuyant, grave et placide, tous les sévices des vents glacés, je ne puis m'empêcher de penser à ce vieux poème anglais dont je vous donne la traduction :

Sur un chêne se tenait un vieux sage hibou.
Plus il regardait et moins il parlait.
Moins il parlait et plus il écoutait.
Pourquoi ne seriez-vous pas comme ce vieux
sage / hibou ?

TENDREMENT
GROGNENT LES CLOWNS

Jamais je n'oublierai le 22 juin 1983, ce jour où une conjugaison soudaine d'événements d'apparence anodine créa un de ces moments qui pour des années, pour la vie peut-être, illuminent la mémoire. Mais, avant de vous raconter cette journée, je me dois de vous présenter toutes les circonstances.

Quelques jours auparavant, en compagnie d'une dizaine de naturalistes, j'avais quitté Québec pour la Basse-Côte-Nord. Le but de l'expédition était de refaire le voyage que James Audubon effectua, cent cinquante ans plus tôt, au Labrador avec le projet de voir et de dessiner les oiseaux des mers froides.

Le temps qui, les premiers jours, était d'une clarté de cristal, facilita le survol à très basse altitude de la côte déchiquetée du *pays de Toutes Isles*, comme l'avait nommé en 1534 le navigateur Jacques Cartier, et permit la navigation tranquille à travers les îles nues qui pullulent dans le golfe. Des oiseaux, nous en avions admiré des milliers : des canards, des macreuses, des sternes, des cormorans et plusieurs passereaux. À mesure que les jours passaient, notre plaisir devenait plus ample, plus aiguisé.

Le 22 juin, à l'aube, un caboteur, baptisé le *Kékarpoui*, nous prit à son bord à Chevery, village de pêcheurs situé à mi-chemin entre Natashquan et Blanc-Sablon. La mer était comme une vitre où se mirait un ciel de flanelle. À moins d'un kilomètre de la côte, apparurent tout à coup, autour du petit bateau, une assemblée de rorquals qui, avec des mouvements lents, majestueux, venaient bomber le dos à la surface et souffler leur jet avant de replonger. Ils nous accompagnèrent ainsi une bonne heure avant de s'éloigner, entraînés sans doute par les errances des bancs de capelans.

Vers midi nous abordâmes à l'archipel Sainte-Marie, ensemble d'îles rocheuses perdues dans les eaux profondes du golfe, à une quarantaine de kilomètres d'Harrington Harbour. Les falaises, blanchies par les fientes, crépitaient des rauques vociférations de myriades d'oiseaux qui y nichaient. Sur l'île de l'Ouest s'élève un phare flanqué des bâtiments rouge et blanc du gardien. C'est là que nous avons établi nos quartiers pour deux ou trois jours.

Aussitôt dans l'île, en compagnie de mon ami Pierrault, poète et cinéaste, je m'étais tout de suite lancé, magnétophone à l'épaule, à la poursuite de certains petits oiseaux que je trouvais là contre toute attente et dont je voulais depuis si longtemps capter le chant : une Alouette cornue au chant cristallin, grissolement de glouglous clairs à fleur de roc ; puis un Pluvier à collier, une Sterne commune. C'est à cet exercice roboratif que nous avons occupé les premières heures de l'après-midi. Nous ne savions pas encore que nous attendaient des moments de plus grande ivresse.

Vers les quatre heures, l'une des biologistes du groupe, Jackou, qui avait passé une partie de l'après-midi à herboriser en solitaire à l'extrémité occidentale de l'île, s'approcha et nous révéla ce qu'elle venait de découvrir. Elle se montra toute disposée à nous guider vers le lieu de sa trouvaille, distant de deux kilomètres, au-delà des empilements de rocs et des peuplements inextricables d'aulnes nains qui prennent racine dans les baissières, à l'abri du vent.

À cet endroit s'ouvrait dans le roc une profonde crevasse au fond de laquelle il se passait quelque chose. On percevait des murmures, on distinguait des froufroutements, des bruissements sourds : quelque part, dans les profondeurs, on s'émouvait de notre présence. Nous avons eu alors l'idée de laisser glisser le microphone au bout de son fil jusqu'au fond de la fissure. L'appareil enregistra une très étrange conversation faite de grognements, de gargarismes rythmés et roulés que notre compagne

identifia comme les vocalisations de la Marmette commune. Son nom anglais *Murre* a été directement inspiré de ces bruits de gorge.

La présence insolite du microphone créait, on l'entendait, une grande commotion parmi les oiseaux. L'une après l'autre, une trentaine de Marmettes quittèrent finalement leur repaire, par des entrées latérales, et prirent leur essor vers la mer avec des battements d'ailes si rapides que nous fûmes saisis de surprise. Jackou nous entretint un moment du vol de la Marmette, un oiseau qui représente une remarquable réussite sur le plan biologique. Ses ailes, qui sont courtes, ne possèdent-elles pas les dimensions idéales pour qui doit être à l'aise aussi bien dans l'air que dans l'eau ? Si la Marmette évolue prestement dans l'air, elle vole au fond de l'eau avec la même aisance, avec la même précision. C'est bien là le vol aquatique d'un oiseau strictement marin, dont le menu est composé exclusivement de petits poissons qu'il va saisir avec le bec en plongeant dans les eaux froides de l'hémisphère boréal.

Il n'est pas fréquent de voir des Marmettes faire leurs œufs, comme on dit là-bas, au fond des crevasses. Elles se réunissent habituellement en colonies sur les corniches étroites qui surplombent la mer. C'est là qu'à cru sur le roc elles déposent leur œuf unique.

Ce qui frappe le voyageur apercevant cet oiseau posé sur sa corniche rocheuse, c'est son allure de petit pingouin, soulignée par son habitude de se tenir à la verticale sur ses pattes et par son plumage d'un noir et d'un blanc parfaitement purs. La Marmette, qui a les dimensions d'une sarcelle, paraît vêtue, quand elle est au repos, d'un habit à queue couleur de jais. Parmi les petits pingouins nordiques, elle se distingue par son bec effilé.

Soudainement, par une ouverture plus grande de la fissure, il nous fut permis d'apercevoir l'endroit où les nicheuses avaient pondu. J'éprouvai à cette vue le plus grand ravissement, car l'œuf de la Marmette est pour l'œil un enchantement. Sa couleur fondamentale, un vert allant sur le brun, porte un mélange de mouchetures, comme si un peintre s'était appliqué à éclabousser de couleurs diverses cette surface nue. On sait par ailleurs que chaque individu reconnaît son œuf aux nuances de la teinte de fond et aux dessins que le hasard y a déposés. Et comme tous les œufs des oiseaux qui nichent au flanc des falaises, celui de la Marmette se présente sous la forme d'une poire. S'il lui arrive d'être déplacé, l'œuf roulera autour de son bout pointu au lieu de glisser vers le précipice.

Ce n'est là qu'un des aspects d'une parfaite adaptation au milieu. Les savants, par ailleurs, ont longtemps été intrigués par le problème suivant : ces oiseaux qui se nourrissent seulement de poissons de mer et qui de ce fait ingurgitent de l'eau salée, comment évitent-ils la déhydratation progressive de leur organisme ? Serait-ce qu'ils peuvent éliminer le surplus de sel ? Mais comment ? Grâce à des glandes spéciales placées entre l'œil et la naissance du bec, lesquelles présentent la même structure physiologique que le rein et permettent ainsi de filtrer le sel. La liste serait longue des curieuses adaptations dont la vie a doté ces oiseaux spécialisés.

Nous en avions terminé avec les Marmettes de la crevasse pour la simple raison que tous les oiseaux, mécontents de notre présence, l'avaient désertée. Nous allions regagner les bâtiments du phare en longeant la falaise, quand mon attention se fixa sur un trou noir qui s'ouvrait sous un caillou. J'eus alors l'idée de placer le micro devant l'ouverture de la petite caverne et d'attendre. Au bout de quelques minutes, un bruit d'outre-monde surgit du haut-parleur. C'était un grognement bref et sombre, quelque chose d'indicible. Nous nous amusâmes à imaginer toutes les bêtes fantastiques capables d'émettre ce rugissement, devinant en fin de compte qu'il sortait du gosier d'un oiseau possédant les mêmes dimensions et les mêmes couleurs que la Marmette, muni toutefois d'un bec plus massif, un peu comme si on avait exagéré le bec noir du corbeau dans le sens de l'épaisseur et qu'on y avait peint une bande blanche transversale à deux centimètres de l'extrémité. Le nom de cet oiseau est le Gode. Les pêcheurs l'appellent le Petit Pingouin. Mais l'existence d'un petit pingouin suppose donc celle d'un plus grand ? Oui, le Grand Pingouin a déjà vécu sur cette planète. C'était un être magnifique, trois fois plus grand que le Gode, et qui avait les mêmes allures, les mêmes couleurs, bien qu'il ne pût voler. Ses ailes atrophiées ne lui servaient qu'à se déplacer sous l'eau comme les Manchots de l'Antarctique. C'est précisément le Grand Pingouin que Jacques Cartier rencontra à *l'isle aux ouaiseaultz* le 21 mai 1534. « Y a si grand nombre, écrit-il, que c'est une chose incréable qui ne la voyt (...) Nous noumons iceulx ouaiseaultz "Apponatz" desquels noz deux barques en chargèrent, en moins de demye heure, comme de pierres. » Cette merveille fut tant chassée par les morutiers désireux de se ravitailler en viande fraîche qu'elle fut exterminée. Le dernier couple de Grands Pingouins fut tué en Islande le 4 juin 1844.

Mais vit encore le Petit Pingouin, le Gode. Ne nous laissons pas impressionner par le grognement sourd qui lui sert de langage. Voilà un oiseau très attachant, tant par sa beauté, son agilité dans l'eau et dans l'air, que par la confiance qu'il manifeste aux humains.

Tout aussi confiant est le Macareux moine, que les habitants de la côte nomment *calculot* ou tout simplement Perroquet de mer, à cause de son curieux bec, énorme, strié de rouge, de blanc et de bleu, qui donne à l'oiseau une allure à la fois comique et empreinte de solennité. Le Macareux est plus court que la Marmette et le Gode, mais comme ces derniers il est noir de dos et blanc de poitrine. En réalité, il appartient à la même famille des Alcidés, les petits pingouins du Nord.

Je me suis demandé, en admirant ces volatiles, si quelque raison pouvait expliquer cette uniformité de plumage.

Le soir même, au cours de notre dîner collectif, j'ai reçu la réponse. On m'expliqua que les plumes blanches du ventre sont gonflées de cellules d'air qui procurent isolation et confort à un plongeur qui passe l'essentiel de son existence dans l'eau glaciale. En revanche, les plumes noires du dos et des ailes, aplaties en forme de tuiles superposées, portent des cellules chargées de mélanine, substance permettant d'absorber la chaleur solaire. La vie, d'une certaine manière, fait le plus souvent assez bien les choses...

Il a fallu en fin de compte nous résoudre à quitter l'extrémité de l'île pour retrouver les autres membres de l'expédition, qui devaient s'inquiéter. C'est en longeant la falaise qui donne directement sur la mer, en direction du nord, que notre attention fut attirée par un charivari de cris et de vociférations qui venait d'une autre île, distante d'un kilomètre environ. Là aussi les oiseaux marins nichaient par myriades au flanc des précipices et ils étaient les acteurs de cette fête sonore. Pour en jouir quelques instants, nous décidâmes de nous asseoir sur l'une des grosses roches accrochées, en saillie, au-dessus de la mer. Toute une série d'éléments se conjuguèrent alors pour créer un moment qui reste l'un des plus clairs de ma vie.

Le ciel qui pendant toute cette journée avait été couvert, s'ouvrit subitement vers l'ouest et brûla des couleurs du couchant. L'île Cliff, celle-là même d'où venait le tumulte, en fut baignée de rose et d'orange. Ses falaises fleurissaient de la multitude des oiseaux qui retournaient à leur gîte et de ceux qui plongeaient en quête d'un dernier repas. Tout à coup, dans l'étroit bras de mer qui séparait cette île de la nôtre, deux énormes rorquals se mirent à naviguer, roulant leur dos sombre armé de sa longue nageoire dorsale, et puis plongeant pour réapparaître un peu plus loin. Ils nageaient côte à côte avec des évolutions étrangement synchronisées. Notre regard lui aussi s'immergeait, renaissait dans les vagues et giclait en bouquets de vapeur. Puis l'un de mes compagnons me saisit par le bras et, sans rien dire, m'indiqua d'un mouvement du menton ce qui se passait au pied du précipice, à une bonne centaine de mètres en contrebas. Arrivés, on l'aurait cru, du fond de l'abîme, un couple de Huarts à gorge rousse étaient en train de pêcher dans l'eau claire. Mâle et femelle, pareils de plumage, nageaient un moment de concert puis se séparaient. Un des oiseaux soudain plongeait et on le voyait voler littéralement sous l'eau à la poursuite d'un petit poisson ou d'un crustacé. C'est quand il émergeait, au bout d'une minute, que toute sa beauté éclatait. Les rayons obliques du soleil animaient d'un relief incroyable les bandes blanches qui marquent sa nuque et qui reluisaient comme d'épais fils de soie quand l'oiseau exposait sa tête sous le bon angle, ce qu'il faisait d'ailleurs avec un semblant d'ostentation tout en nageant rapidement, comme s'il se savait observé par de discrets admirateurs. Ce ballet aquatique dura une bonne dizaine de minutes, puis les oiseaux s'éloignèrent à la nage et disparurent derrière une pointe rocheuse.

Au large, les rorquals croisaient toujours entre les deux îles et la fête sonore de l'île Cliff emplissait l'air. Nous nous rendîmes compte soudainement qu'une certaine agitation s'était emparée des groupes d'Alcidés (Marmettes, Godes, Macareux) qui pêchaient au loin. Les oiseaux s'arrachaient de l'eau, volaient un moment au ras des vagues et se dirigeaient vers la falaise où nous étions assis. Des Godes, comme mus par la curiosité, se dirigeaient droit sur nous et au dernier moment amorçaient un virage, allaient se poser derrière, sur les rochers, ou disparaissaient au fond des terriers. Je remarquai à ce moment-là que certaines plates-formes rocheuses supportaient de petites bandes, les Marmettes côtoyant les Godes. Ces rassemblements d'une quinzaine d'individus, je sus plus tard qu'on les nomme des « clubs ». Des dizaines de clubs se formaient tout autour de nous à mesure que le déclin du jour ramenait les oiseaux dans l'île.

J'eus soudain la poitrine traversée par une chaleur. Un Macareux volait droit dans notre direction. Je crus qu'il ne nous avait pas repérés, mais au moment critique il vira et vint atterrir juste derrière nous. Si brève que fût l'apparition, je gravai en moi l'image de l'oiseau muni de ce gros bec comique. Il passa si près que je pus voir le cercle rouge autour de son œil noir, lequel est traversé par un triangle sombre qui s'étend sur les plumes grisâtres du front et lui donne l'aspect d'un clown qui aurait avec minutie soigné son maquillage. Je remarquai également la manière dont le Macareux étend derrière lui ses drôles de petites pattes rouges, qui à l'évidence lui servent en vol de gouvernail.

Ce furent enfin des centaines de *calculots* qui volaient vers nous. Certains venaient virer à quelques mètres de notre petit club et s'en retournaient vers la mer ; nous pouvions entendre le bourdonnement sourd de leurs courtes ailes battant quasiment à un rythme d'insecte. J'avais au demeurant la certitude que les lutins venaient ainsi renifler notre présence sur leur domaine.

Hypnotisés par le spectacle singulier qui nous était offert, nous avions oublié de regarder derrière nous. À un certain moment, l'un de nous trois, de par son œil américain sans doute, flaira ce qui se passait dans notre dos.

Le lieu où nous étions assis — la meilleure loge de théâtre que j'aie connue — était au pied d'un talus herbeux qui formait une pente raide d'une trentaine de mètres en direction de la mer. Ce talus était criblé d'une infinité de trous qui plongeaient dans le sol et qui servaient en réalité de terriers aux Perroquets de mer, ces oiseaux déposant leur œuf au fond d'un abri qu'ils creusent dans la terre meuble à l'aide de leur bec puissant.

C'est en pivotant sur nous-mêmes que nous pûmes embrasser l'ensemble de la scène. Sur les rochers, mais surtout devant chaque terrier, étaient postés, placides et silencieux, des centaines de Macareux, qui nous observaient.

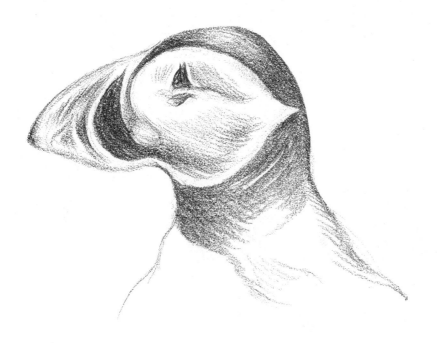

Ils regardaient ces étranges êtres humains qui eux-mêmes
étaient en train de regarder les derniers oiseaux actifs au-
dessus des vagues. À ce moment précis, leur touchante
beauté prit une couleur nouvelle. Chacun, assis bien droit,
immobile, sur ses pattes rouges, adoptait un tel air de
solennité théâtrale que la complète confrérie de ces petits
clowns assistant au spectacle dont ils étaient eux-mêmes
les artistes, composa, en grandeur nature, le plus cocasse
tableau qu'il me fût permis d'admirer.

Voilà pourquoi nous avons tous les trois éclaté d'un
grand éclat de rire qui magiquement s'amplifia par l'écho
et alla se fondre avec le tohu-bohu sonore des milliers
d'oiseaux qui célébraient sur la mer, sur les îles, la fête du
soir. Pour longtemps nous en avons été réchauffés.

L'ASTRONOME,
LE CHANTEUR ET LE JOYAU

J e dois vous raconter cet après-midi ensoleillé du 13 août 1972. Je commençais alors à étudier sérieusement les animaux de mon coin de pays. En compagnie de deux *oiseaulogues*, je me promenais dans cet éden miniature qu'est la Réserve du cap Tourmente, à la naissance du comté de Charlevoix. Nous étions, au milieu d'un champ, occupés à considérer l'architecture d'une maison abandonnée, quand tout soudain, à moins d'un mètre, des denses broussailles collées à la ruine de pierres, a surgi un être d'une si rare beauté que j'ai cru, sur le coup, voir apparaître une pierre précieuse munie de deux ailes. Dans la lumière c'était une brillance d'un bleu intense, profond, un bleu d'outremer. Oui, bien sûr, il s'agissait d'un oiseau. Un oiseau qui tout de suite s'est envolé à la cime d'un arbre voisin. J'ai lancé : c'est un Merle-bleu ! La réaction de mes compagnons fut immédiate : « Mais non, c'est un Bruant indigo. »

Bruant indigo ! Le nom m'a semblé aussi admirable que le sujet lui-même. Pour la première fois je voyais un représentant de cette espèce et le hasard me permettait de l'admirer en plein soleil, à quelques pas seulement et au surplus près du sol. Je dois dire qu'il n'en est pas toujours ainsi. Le plus souvent le Bruant indigo s'offre aux regards sous l'apparence d'une minuscule silhouette noire se détachant à contre-jour au sommet d'un grand arbre ou sur un fil électrique. C'est ainsi, en tout cas, que j'ai eu souventes fois l'occasion de le voir par la suite, mais quel que soit l'angle sous lequel je l'ai aperçu, quelle que fût la hauteur de son poste de guet, j'ai toujours pris le temps de m'enchanter l'oreille de la coulée allègre de son chant.

Quel drôle d'oiseau en vérité : sa première fantaisie n'est-elle pas son aptitude à éviter la plupart du temps d'être justement indigo ! Cette couleur bleu foncé empreinte de violacé, il s'en habille seulement quand le permettent les conditions d'éclairage. Se tient-il à l'ombre qu'il apparaît à l'observateur sous la forme d'un petit oiseau noir — on dit même que sa véritable couleur serait le noir. Mais qu'il vienne en plein soleil, sous la lumière franche, alors l'éblouissement de son plumage paraît à peine croyable. Comment cela se fait-il ? Je ne m'attarderai pas sur les détails scientifiques du phénomène ; il suffit de savoir que la couleur bleue est un effet de la réfraction de la lumière sur certaines cellules des plumes : la mélanine. On parle dans ce cas de couleur structurelle, alors que le jaune, par exemple, chez les oiseaux, est une couleur pigmentaire.

Une autre fantaisie du Bruant indigo apparaît dans le fait que c'est pour venir nicher, au nord, en été, qu'il arbore ses teintes tropicales. Pendant l'hiver, quand il se rapproche de l'équateur, il n'est plus qu'un petit oiseau brunâtre frotté d'un peu de bleu sur les ailes et sur la queue. Et, comme pour compliquer les choses ou tout simplement pour éprouver la sagacité des amateurs néophytes, l'espèce a donné au mâle pas moins de cinq plumages différents : un premier plumage vêt les jeunes à la sortie du nid, qui est remplacé par un second l'hiver suivant ; le printemps voit se tranformer une fois de plus leurs couleurs, et encore pendant leur second hiver. Tous ces plumages sont brunâtres. C'est à mesure que l'oiseau vieillit qu'il s'orne de bleu. Finalement, vers le mois de février de leur seconde année d'existence, les mâles adultes acquièrent la vraie couleur de leur plumage nuptial. Il n'est peut-être pas vain de préciser que le Bruant indigo est notre seul oiseau entièrement bleu.

Je vous entends déjà vous demander : « Mais ce prodige, est-il donné à tout le monde de l'admirer ? » Oui, à condition d'habiter le centre et l'est de l'Amérique du Nord. Plus précisément vous courez la chance de rencontrer l'oiseau partout où foisonnent les broussailles : en

bordure des routes, dans les champs abandonnés, dans les clairières en repousse. Un très bon terrain d'observation se trouve sous les lignes électriques à haute tension. Il semble que le bruant s'est bien adapté à ce milieu fait sur mesure pour lui : un lieu ouvert où l'abattage favorise buissons et fourrés. Les banlieues et les parcs urbains ne l'attirent pas moins ; en réalité, là où prospèrent les buissons sous les grands arbres, le Bruant indigo se sent chez lui.

Que l'on ne s'attende pas à trouver aisément la femelle. C'est une discrète, une casanière, à l'aise sous le couvert des denses bosquets où se fondent ses couleurs de végétaux secs. Le mâle, lui, aime à sortir. Il se poste le plus souvent au faîte des grands feuillus, bien en évidence. Et il chante.

Sont-ils si nombreux, les Bruants indigo ? Je ne dirai pas que chaque arbre en abrite un. Il demeure que nous sommes en présence d'un oiseau d'origine tropicale qui, à travers le temps, s'est aventuré plus au nord. Mais un jour, un Américain du nom de Griscom s'est mis en frais de prouver, par des expériences pour le moins draconiennes, l'importance de sa population.

Il repéra un nid. Puis il saisit le mâle, qu'il garda en cage. Le lendemain, la femelle avait trouvé un autre partenaire. Il recommença neuf fois le procédé : neuf mâles furent encagés. Le dixième à se présenter eut un meilleur sort, mais le but de l'épreuve avait porté fruit puisqu'il s'agissait de prouver que la nature peut prévoir les désastres au sein des populations animales. Dans le cas du Bruant indigo, il fut donc montré qu'il y a toujours un réservoir de substituts prêts à prendre la relève en cas de disparition d'un mâle.

C'est donc en célibataires que les Bruants arrivent au Québec en mai. Les mâles établissent sans tarder leurs domaines qui doivent contenir de grands arbres du haut desquels ils chanteront de la naissance du soleil jusqu'à son déclin. Au début de l'été, le chant est plutôt maigre, mais plus la saison avance, plus il gagne en ampleur. Cela s'explique : l'oiseau niche tard au cours de l'été. Une première nichée peut apparaître au moment où la plupart des espèces migratrices ont déjà élevé leurs couvées.

Mais, pour nicher, les oiseaux doivent s'apparier. Je sais personnellement peu de chose des amours du Bruant indigo, n'ayant pas eu la même chance que cet Américain du nom de Todd qui, il y a quelques années, fut témoin de la scène suivante. Un jour qu'il traversait une forêt en auto, il aperçut à quelques mètres seulement devant lui, au milieu de la chaussée, un couple d'oiseaux bleus occupés à se saluer frénétiquement. Le mâle, les ailes frémissantes, dansait autour de la femelle, insensible au bolide qui fonçait sur eux. Todd n'eut pas le temps de freiner. Dès qu'il eut dépassé le lieu fatal, il jeta un coup d'œil dans son rétroviseur, pour voir que les deux oiseaux étaient au même endroit, bien vivants, poursuivant leur danse nuptiale.

De telles cérémonies frétillantes marquent le début de la nidification, aventure qui oblige dès l'abord la femelle appariée à construire seule le nid. Nous l'avons décrite comme une timide et secrète créature ; son œuvre — modeste construction finement tissée d'herbes courtes et de radicelles — sera elle aussi empreinte de discrétion. C'est dans les taillis les plus serrés, souvent au cœur des ronciers et framboisiers, qu'elle le dissimulera. Elle seule se chargera de couver pendant deux semaines les trois ou quatre œufs blancs à peine frottés de bleu. Quand les jeunes ouvrent leur bec jaune, mâle et femelle les pourvoient de graines, de petits fruits et surtout d'insectes. Le Bruant n'a-t-il pas la réputation de détruire son lot de larves et de chenilles ?

Que fait donc le mâle pendant ce temps ? Il chante, bien sûr, pour protéger son territoire, se montrant même disposé, en cas de danger, à faire preuve d'un fort instinct de défense. Une chose est certaine : ces petits êtres sont capables de bravoure. Une femelle installée sur le nid ne se résignera à s'envoler qu'au moment extrême. Le mâle, pour sa part, n'hésitera pas à s'en prendre à un ennemi deux cents fois plus gros que lui — un être humain ! Hervey Brackbill, un naturaliste des États-Unis, en sait quelque chose. Il aperçut un jour, au pied d'un bosquet, un jeune bruant qui avait dû choir de son nid. Il prit l'oisillon dans sa main. Au même moment, le mâle apparut, commençant aussitôt à lui tourner autour de la tête en jetant les cris les plus graves de son répertoire : c'était des « chip » plaintifs, des « tit » fougueux, des « quit » furibonds. Brackbill remit l'oisillon en liberté. Tout de suite le mâle, en utilisant toutes les tactiques de plumes et de gorge, poussa le béjaune devant lui jusqu'à un buisson où il serait à l'abri.

Ces faits d'armes, pour louables qu'ils soient, sont rares : l'activité principale d'un mâle demeure la musique. C'est un chanteur inlassable dont les effusions vocales ne le cèdent à personne en caractère et en volume. Voilà un chant brillant, qui porte et qui exprime, du moins pour l'oreille humaine, joie et exubérance. Le chant typique de l'espèce consiste en une succession de notes fluides et ferventes où je reconnais pour ma part la phrase suivante : « J'suis tapi / pas très loin / d'ici... »

Pendant toute la durée de la nidification, le mâle ne cesse de chanter. On le voit, par exemple, s'activer sur quelque branche inférieure d'un arbre de bonne taille. Puis le voici sur un poste plus élevé, lançant quelques notes claires. Plus il monte, plus la ligne mélodique se développe, atteignant, quand le chanteur parvient à la cime, le caractère d'une véritable jubilation.

Au début de l'été — en mai et en juin — les chants sont plus courts, offrant un nombre de notes variant entre six et treize. Mais voilà qu'en juillet la mélodie prend sa réelle ampleur : certains chants, les plus énergiques, auront jusqu'à dix-neuf notes ! La petite phrase transposée ressemble alors, compte tenu de l'infinité des variations, à quelque chose comme : « J'suis tapi / j'suis tapi / pas très loin / d'ici / d'ici/ pas très loin/ d'ici... »

On me rétorquera peut-être : tout cela est bien joli, mais ne remarque-t-on pas que durant la canicule les oiseaux cessent pour ainsi dire de chanter ? La plupart, oui. Ces jours de grandes chaleurs où le Merle garde le bec ouvert, à l'ombre, pour respirer, où le Bruant chanteur lui-même, par ailleurs si résistant, se tait, quand tout est au repos, le Bruant indigo, lui, semble avoir trouvé la température qui lui sied. Plus il fait chaud, plus clair, plus long, plus vif est son chant.

Comme pour prolonger notre plaisir, il poursuivra même son chant jusqu'au mois d'août, alors que la plupart des musiciens se font presque muets. En cela il ressemble au Chardonneret jaune qui, lui aussi, est un chanteur tardif, nichant au moment où les chardons donnent leurs graines.

Source d'enchantement pour le simple amateur, dont je suis, le Bruant est également un pourvoyeur de connaissances fort utiles sur le comportement des oiseaux en général. Sans doute parce qu'il s'accommode assez bien de la captivité, il est devenu l'un des sujets les mieux étudiés par les savants.

C'est au cours de ce genre d'expériences, en étudiant des chants reproduits sur phonogrammes, sortes de transcriptions visuelles des musiques naturelles, que l'on s'est rendu compte que chaque mâle a son chant bien à lui. En d'autres termes, le rythme, la structure et la fréquence du chant varient d'un mâle à l'autre. L'oreille humaine peut percevoir les différences rythmiques, mais l'oiseau, lui, capable de distinguer des sons dix fois plus rapides que le fait notre oreille, peut facilement reconnaître, à d'infimes différences, le chant de chaque individu. Un Bruant indigo sait exactement à qui il a affaire quand il entend chanter un autre mâle de son espèce.

Parmi les révélations qui, ces dernières années, ont bouleversé notre connaissance du chant des oiseaux — et qui presque toutes ont été menées à partir de l'observation des Bruants indigo —, certaines ont trait à l'apprentissage. Le jeune bruant vient au monde, doué d'une sorte de structure innée du chant de toute l'espèce. Les nuances, les variations individuelles, il les acquerra au moment où, dans la proximité du nid, il entendra chanter son père ou d'autres mâles voisins. Mais qu'advient-il des jeunes mâles issus de nichées tardives, celles qui apparaissent au moment où la plupart des Bruants ont cessé de chanter ?

On a découvert que ces derniers, quand ils nous reviennent, le printemps suivant, ne possèdent pas encore leur chant personnel. N'est inscrite dans leur cerveau que la structure instinctive, sorte de contenant identique chez tous leurs semblables. Comme tous les autres mâles, jeunes ou mûrs, ils doivent défendre un territoire et, ce faisant, ils se heurtent au chant des mâles voisins. Étrangement, c'est le chant de ces mâles rivaux que le jeune, à son premier printemps, copiera pour obtenir la forme définitive de son chant. Se trouvent-ils deux, trois mâles rivaux aux limites de son territoire, c'est dans ces divers chants qu'il choisira tel et tel élément dont il ornera sa propre musique.

Nous commençons à peine, nous, les humains, à découvrir que le simple chant d'un oiseau est un univers d'une complexité bouleversante.

Que le mot univers soit apparu sous ma plume n'est pas gratuit. Univers évoque l'ensemble du cosmos ; il évoque aussi les constellations qui illuminent « le ciel que l'on voit », infinis paysages de clarté sur fond de noir, guides des oiseaux migrateurs qui, étrangement pour la plupart, voyagent la nuit.

Voici encore une fois notre Bruant indigo. Il révèle aux chercheurs, cette fois, le secret qui depuis toujours — depuis que nous savons lever la tête ! — fascine l'esprit humain.

Les Bruants voyagent de nuit, par groupes. Comment retrouvent-ils le chemin qui, au printemps, les mène de l'Amérique centrale au Québec et, en automne, dans le sens opposé ? Pourquoi prennent-ils telle direction plutôt que telle autre ? Pendant des années, au printemps et en automne, Stephen Emler a étudié le comportement de plusieurs Bruants indigo, certains étant placés à l'intérieur d'un planétarium et d'autres, sous une immense volière exposée aux quatre vents. Qu'a-t-il découvert ? Ceci : non seulement le Bruant indigo peut se guider sur les étoiles pour voyager, mais sa connaissance du ciel est si précise que la voûte artificielle d'un planétarium lui fournira les mêmes informations qu'un ciel clair. Qui plus est, si le chercheur modifie d'une manière quelconque le dessin des constellations, atténuant par exemple l'intensité lumineuse d'une seule étoile, l'oiseau le perçoit.

Voilà. Que dire d'autre ? Il en est souvent ainsi avec les oiseaux : tout commence, un après-midi d'été, par une apparition de couleurs surgie d'un arbrisseau, ou d'un chant qui soudainement vous traverse de fraîcheur, pour finir dans l'immensité d'un ciel où, à leur manière, les planètes et les étoiles crient.

LES BIENFAITS
S'ÉCRIVENT SUR LE SABLE

Il y a une cinquantaine d'années, le ministre de l'Agriculture de la Province de Québec appela dans son bureau son équipe de biologistes, qui se résumait à un seul homme, et lui tint à peu près ce discours : « Mon cher ami, j'ai décidé d'enrichir notre patrimoine naturel d'une nouvelle espèce animale. Une espèce rare, spectaculaire, qui fera son effet sur la foule toujours assoiffée de bêtes curieuses. Nous allons passer commande à l'Arabie d'un couple de chameaux ! » Le biologiste faillit avaler sa pipe. « Des chameaux ? Où allons-nous les mettre ? Au jardin zoologique ? »

— Mais non, mais non, nous allons les implanter aux Îles-de-la-Madeleine.

— Mais pourquoi plus spécialement aux Îles-de-la-Madeleine ?

— Voyons ! Parce qu'il y a du sable, répondit le ministre le plus sérieusement du monde.

Il se rencontre aujourd'hui, comme on peut le penser, très peu de chameaux aux Îles. En revanche, ce charmant archipel du golfe Saint-Laurent s'agrémente de grandes quantités de sable, un beau sable gris pâle qui forme par endroits de longues dunes moutonnantes, donnant au paysage la texture des peaux sereines.

Je me trouvais donc, en juin 1982, sur les dunes de la Pointe de l'Est pour observer les oiseaux de rivages. Ce jour-là, après une ou deux heures de marche, je fis halte au centre d'une large cuvette naturelle, prenant mes aises sur le sable tiède. Il me semblait que j'étais seul au centre du désert ; l'univers se résumait à des collines aux reflets d'argent ouvertes sur un ciel démesuré. J'ai vécu là un moment aussi spacieux que le décor qui m'enveloppait. En contemplant les particules infimes, j'ai fait un voyage qui m'a conduit aux origines de la terre, aux sources mêmes du temps humain.

Assis sur une plage, vous faites un des gestes les plus simples qui soient, que des millions d'individus ont fait avant vous : vous plongez la main dans le sable sec pour le laisser couler entre vos doigts. Il se peut qu'à ce moment-là vous pensiez à ce vers de Victor Hugo : « Le temps fuit de mes mains comme le sable au vent. » Puis vous observez dans votre paume les quelques grains qui y sont restés collés. Et vous vous demandez : « Celui-ci, tiens, comment a-t-il été formé ? Depuis quand existe-t-il sous la forme justement d'un grain de sable ? » Ce sont là questions qui peuvent mener très loin un esprit enclin à voler sur le temps et sur l'espace.

La couleur du sable nous renseignera sur son origine. Le sable noir de certaines îles des mers chaudes, comme celui d'Hawaï par exemple, est né des irruptions volcaniques. La poudre blanche et rosée qui forme les plages des Bahamas vient de la désagrégation du corail par les vagues. Il reste que la plus grande partie du sable que nous connaissons est d'origine minérale ; il vient de l'effritement des roches très dures sous l'action de deux forces majeures : la mer et le vent.

Inutile de s'étendre longuement sur la puissance stupéfiante des vagues, forces qui sans trêve martèlent les côtes, qui transforment les rochers en galets, les galets en cailloux et les cailloux en particules. Sous le microscope, on voit que les grains de sable résultant de l'action des vagues sont luisants et anguleux. Les géologues affirment qu'ils contiennent « plus de trente pour cent d'*émoussés-luisants* ». Si on analyse par ailleurs les grains formant les dunes, on se rend compte qu'ils ont plutôt un aspect arrondi et une texture mate, ce qui s'explique par le fait qu'ils sont plus vieux et qu'ils viennent de beaucoup plus loin. Ils ont pris naissance, voici des millions d'années peut-être, à l'intérieur du continent. C'est le vent qui a arraché des particules de quartz à la roche granitique.

Puis ces particules, rabotées, roulées, frottées, furent emportées par les pluies ruisselantes jusqu'à la rivière, et de la rivière au fleuve où elles ont séjourné, se sont affinées. Puis les voilà de nouveau mises en mouvement sur le lit des fleuves, entraînées finalement, des millénaires plus tard, par les forts courants, jusqu'à la mer. C'est elle qui un jour rejette le sable sur la plage.

C'est à cet extraordinaire voyage que j'étais en train de penser, ce jour de juin 1982, où le hasard m'avait mené entre les dunes des Îles-de-la-Madeleine. J'admirais un granule posé sur le bout de mon index. Et je l'imaginais issu d'un désert aujourd'hui disparu au coeur du continent. Peut-être, un milliard d'années plus tôt, avait-il séjourné quelques siècles sur une plage vierge d'une mer intérieure elle aussi depuis longtemps enfouie. Peut-être même que la roche d'où ce grain s'était détaché sous l'effet du vent avait été engendrée par les matières en fusion qui se sont solidifiées en se refroidissant à l'époque même de la naissance de notre planète, il y a quatre milliards d'années... et des poussières !

Où que l'on se trouve, si l'on y prête attention, le grain de sable nous ramènera toujours à nos origines. Est-ce là la cause de ce bien-être que nous éprouvons quand, couchés sur la plage, nous nous sentons embrassés par la matière, la forme de notre corps s'imprimant dans cette masse malléable ? Ne sentons-nous pas que nous allons naître de nouveau ? Nous nous redressons alors pour voir que derrière nous, sur le sable, reste imprimée la coquille de nous-mêmes d'où vient de surgir cet être neuf qui s'avance sur l'un des lieux les plus reposants du monde : cette langue humide, entre plage et mer, où viennent mourir les vagues.

Et le grain de sable, collé à mon doigt, que dit-il d'autre ?

Il dit que le sable est partout présent dans nos villes. Sans lui, pas de briques, pas de mortier, pas de ciment, pas de béton. De quoi auraient l'air nos cités nord-américaines sans la présence du sable ? On construirait des édifices en acier et en verre, me répondrez-vous ? Mais justement c'est avec du sable qu'on produit du verre ! Au début de la colonie, incidemment, les beaux sables de silice des Îles-de-la-Madeleine servaient de matière de lest aux navires français qui les déchargeaient en Europe, où on les utilisait pour la fabrication du verre. Et ce sable nous revenait sous l'apparence d'un miroir ou d'une bouteille de médicament.

J'imagine (quel oiseau que l'imagination !), j'imagine un immeuble, un appartement, une pièce où se tient une personne portant des lunettes. Elle quitte son fauteuil, ouvre la porte-fenêtre, dépose son verre sur le rebord en ciment du balcon, saisit sa longue-vue et regarde au loin en direction de la plage.

Cette personne est complètement plongée dans un univers de sable.

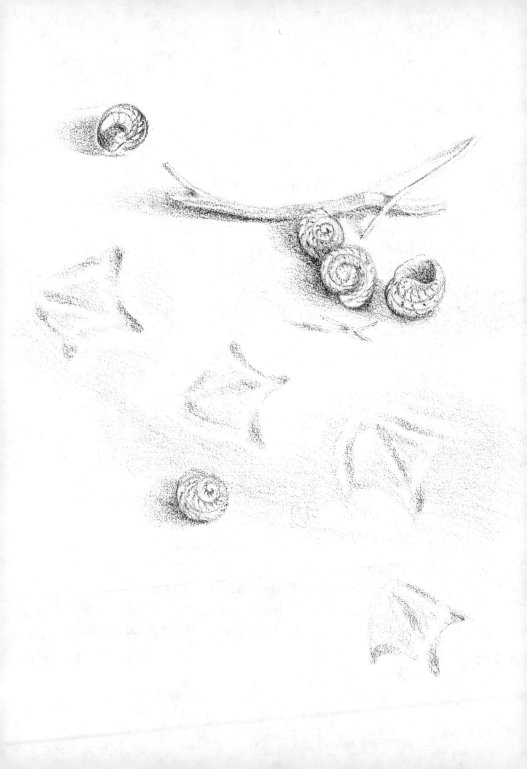

Poussons plus loin le vol de l'imagination. Au bout de sa lunette, notre individu aperçoit des ailes irradier dans la lumière, puis, plus bas, sur la plage, une autre personne qui est en train de tracer des signes dans le sable humide. Le sable n'est-il pas une merveilleuse surface où écrire ? Écrire sur le sable, c'est exprimer dans la matière des mots, des signes qui nous apparaissent d'autant plus importants qu'ils sont éphémères. D'où ce proverbe : « Les injures s'écrivent sur l'airain, les bienfaits sur le sable. » De toute manière, le sable est directement relié à l'écriture et à la transmission des connaissances : les premiers empereurs n'ont-ils pas inventé l'écriture chinoise en observant les traces des oiseaux sur le sable ?

Qu'il soit de plage ou de dunes, le sable, pour le non-initié, évoque l'absence, sinon la négation, de toute vie animale. Et pourtant quelle vie dans ce lieu hostile à la végétation ! Des milliers d'insectes s'y cachent, y creusent, y travaillent sans répit. Là est le paradis des crabes, des coques, des couteaux et de tous ces coquillages possédés de cette tendance à l'enfouissement, caractéristique de la faune des plages. Plusieurs oiseaux sont pour moi associés au sable, comme ces merveilleux oiseaux de rivages aux vols constellés, aux cris fins comme des rayons de clarté. (Mais ceux-là ont fait l'objet d'un chapitre de mon précédent ouvrage.) Pour le moment, je voudrais vous raconter deux expériences où sable et oiseaux se conjuguent.

En novembre 1982, je circulais en auto en compagnie de deux oiseliers dans les déserts de Californie. Sur une route sablonneuse perdue aux confins du continent, nous avons soudainement aperçu, près de l'accotement, un drôle de lutin beige et brun, posté sur ses pattes rigides et qui nous regardait de ses grands yeux jaunes. Nous avons immobilisé la voiture un peu plus loin et saisi nos jumelles. Tous les trois, d'une même voix, nous nous sommes exclamés : « Chouette ! une Chouette des terriers ! » Il s'agissait bien du plus curieux représentant de la famille des hiboux, le seul à avoir pris l'habitude d'établir ses quartiers sous terre, au fond d'un terrier creusé dans le sable. Active aussi bien le jour que la nuit, la petite chouette aux tarses nus prend l'air, le plus souvent, sur le bord de son tunnel, attentive à tout ce qui grignote à fleur de terre : lézards, insectes et petits animaux. Capable d'imiter la crécelle du serpent à sonnettes, elle émet également, me dit-on, la nuit, un cri beaucoup plus proche du grincement d'un gond rouillé que du ululement. Mais qui l'a vraiment entendue hormis les coyotes ? Les lieux qu'elle hante ne sont pas, après la disparition du soleil, pour les mortels de notre espèce, commodément *allables*.

Le sable, peut-être bien, me porte chance, puisqu'il me permet de raconter cette autre histoire, antérieure à mon expérience des déserts.

À la fin des années 60, j'ai fait connaissance, d'une manière qui ne se peut oublier, avec un autre volatile familier des milieux sablonneux. Je passais alors mes étés à pêcher l'omble de fontaine dans les rivières des environs de Québec. Il me fut donné, un jour, de remarquer, sur le cours de la Montmorency, au pied des Laurentides, une fosse qui de mon point de vue me parut prometteuse. À cet endroit la rivière coule au fond d'un ravin et, pour pouvoir tremper la ligne, il n'y a pas d'autre moyen que de se laisser glisser du haut d'une falaise de sable qui dévale en pente raide sur une soixantaine de mètres. Avec tout mon attirail je me laissai tomber sur le dos dans cet escarpement pareil à la paroi d'une sablonnière. Les premières secondes de ma descente furent exquises. Puis éclata derrière moi, au-dessus de ma tête, un remue-ménage indescriptible.

Je freinai ma chute comme je pus. En me retournant, j'aperçus sous la corniche en saillie de la falaise une enfilade de petits trous creusés dans le sable et d'où surgirent un par un des oiseaux gris et blancs, à gorgerette noire, qui m'enveloppèrent de vols étourdissants ponctués de cris. Sur le coup je n'ai pas pu les identifier. Un peu plus tard, quand je m'initiai enfin à l'étude des oiseaux, j'appris que ces petites fusées ailées, nichant au flanc des falaises sablonneuses, étaient les si vives, les si attachantes Hirondelles des sables, encore nommées en certains lieux Hirondelles de rivage ; c'est la moins bien connue de cette famille célèbre. Deux grands quotidiens de Montréal ont en effet fait paraître en août 1954 (date somme toute récente) une photo accompagnée de cette légende : « Des milliers d'hirondelles ont creusé des abris dans cette falaise sablonneuse de Beauport, lui donnant l'apparence d'une ancienne forteresse criblée d'obus. Ces oiseaux se réfugient dans ces abris durant les durs mois d'hiver plutôt que de se rendre plus au sud, et ils vivent de la nourriture qu'ils ont amassée pendant l'été et des miettes de pain que leur jettent des gens sympathiques durant l'hiver. » Seule la première phrase a quelque rapport avec la réalité. Le reste du texte n'est qu'une suite de légendes sans aucun fondement. Les Hirondelles des sables, comme toutes leurs congénères, migrent dès le début de l'automne.

Il m'arrive parfois, au fil des mois blancs, quand la bonne fortune me fait voler vers les Tropiques, d'en apercevoir aux abords des plages. Chaque fois je ne peux faire autrement que de me revoir étendu dans le sable, à quelques pas de leur colonie, délicieusement étonné par le spectacle sonore qu'elles m'offraient. En fait, elles étaient à coup sûr aussi déconcertées que moi et c'est pourquoi elles m'entouraient de leurs gazouillis entremêlés.

AU FRONT

L a scène se passe au bord du Saint-Laurent, dans une
île de l'estuaire. On voit sur l'escarpement de la grève
un petit chalet en bois, rouge, dont la fenêtre principale
donne sur la batture que la marée basse transforme en une
prairie d'herbes marines qui houlent avec le vent. Sous les
arbres, vers l'ouest, un trottoir de pierres plates mène à
une pergola tout entourée de moustiquaires. C'est une fin
d'après-midi de juillet. L'air bourdonne.

Deux hommes s'avancent. Le propriétaire des lieux,
que nous appellerons l'Auteur, dans la quarantaine, plutôt
mince, vêtu en estivant, précède un visiteur qui doit avoir
dans les soixante ans. Cheveux blancs très courts, grosses
lunettes à monture d'écaille, physique imposant. Sa démar-
che prudente indique le citadin peu familiarisé avec les
lieux sauvages. Malgré la chaleur il porte une chemise à

manches longues fermée au col par un nœud papillon. Sa veste est pliée sur son avant-bras.

Pour le moment les deux hommes sont tournés vers le fleuve. L'auteur pointe du doigt les montagnes, suit le contour des caps et détaille chacune des îles visibles au large. Puis il fait glisser la porte de la pergola.

— Entre donc, Georges. Nous serons moins tourmentés par les « mouches tigrées ».

— Alors, mon cher, c'est ici que tu te mets en cage ?

— Rien de mieux, pour avoir des oiseaux, que de les laisser libres et de se mettre soi-même un peu en cage, comme tu dis si bien. Mais cet abri est mieux qu'une cage, c'est un bathyscaphe.

— Quel rapport avec le sous-marin du professeur Piccard ?

— Il nous permet de plonger longuement au cœur de la verdure foisonnante et d'en observer plus à l'aise les habitants. Un jus ? Une limonade ?

— Avec plaisir. Comment pourrions-nous qualifier cette chaleur ? On dit bien un froid de canard...

— Je propose : une chaleur de coulicou.

— *Coulicou* ? C'est un oiseau ?

— Que l'on n'entend et que l'on ne voit, par ici à tout le moins, qu'au plus fort de la canicule. Bizarre, n'est-ce pas ? Le coulicou est un cousin de votre coucou européen, que tu dois connaître...

— Tu sais que je ne puis distinguer un moineau d'une alouette, mais je dois t'avouer que je connais un peu le coucou. N'est-il pas le seul oiseau reconnaissable dans la *Symphonie pastorale* ? N'est-il pas à l'origine de la fameuse pendule à coucou, sans doute parce qu'il est le seul à posséder un chant aussi bref et sans doute aussi parce qu'il semble dire l'heure qu'il est.

— Il a en tout cas donné naissance à plusieurs légendes. Il révèle, semble-t-il, combien d'années il reste à vivre à celui qui l'entend. En comptant le nombre de ses chants, une jeune fille sait combien d'années elle sera mariée.

— On dit même qu'il est de bon augure d'entendre le coucou chanter le matin de ses noces.

— Et pourtant, le coucou n'est-il pas à l'origine de ce mot de quatre lettres si désagréable à l'oreille du conjoint ?

— Ah ! Ah ! C'est bien ce que dit Shakespeare dans deux vers célèbres : « Cockoo-cucko, o word of fear / Unpleasing to a married ear. »

— Et qu'un bon professeur traduirait par... ?

— « Coucou, cocu, ô mot de crainte / Déplaisant à l'oreille de l'époux. » Mais je sais si peu de chose du comportement des animaux, j'ignore s'il existe quelque explication biologique de cette parenté lexicale.

— Je me suis laissé dire que, chez le Coucou gris, votre coucou d'Europe, il n'y pas de couple à proprement parler. Le mâle est polygame et ne défend pas de territoire.

Après la pariade, la femelle se met à la recherche de nids d'autres passereaux, nids qu'elle surveille jusqu'au moment où l'autre femelle s'absente. Cela arrive le plus souvent au cours de l'après-midi.

— Ah tiens...

— Madame coucou en profite alors pour aller pondre un œuf et retirer un ou plusieurs œufs de la couvée existante. Une vingtaine d'œufs sont ainsi pondus dans divers nids d'emprunt.

— Je vous vois venir avec la suite. Le jeune coucou naît le premier et...

— Ce qui est remarquable, c'est que la nature a doté le béjaune d'une hypersensibilité de la peau du dos, qui dure trois jours exactement, ce qui lui donne le temps de se débarrasser de tout ce qui entre en contact avec son épiderme dorsal.

— C'est-à-dire les œufs ou les jeunes oiseaux dont il partage le nid usurpé... ?

— Exactement. Le jeune coucou, resté seul, sera nourri pendant une vingtaine de jours par l'oiseau parasité qui est la plupart du temps bien plus petit que lui et qui apparemment ne se rend compte de rien.

— Et tu vas me dire que ton coucouli...

— Coulicou...

— Que ton coulicou a les mêmes habitudes ?

— Pas du tout. La seule ressemblance concerne la longueur du bec et le chant. Mais notre coulicou, comme

son nom l'indique, chante sur trois notes, trois coups de glotte sourds émis par un maître ventriloque. On ne sait jamais si l'oiseau est proche ou éloigné. Toujours il est caché dans les feuillages.

— J'imagine qu'il s'en trouve autour de cet ermitage isolé ?

— Eh bien oui, Georges. J'ai fait la connaissance du Coulicou à bec noir, il y a une dizaine d'années, d'une manière bien mystérieuse. Tu dois savoir que cet oiseau-là n'est pas un fanfaron. C'est un être réservé qui s'approche toujours furtivement des habitations, où il vient d'ailleurs plus souvent qu'on croit. Un jour donc, c'était pendant les grandes chaleurs, je me souviens, j'ai entendu de très loin — il m'a semblé que cela venait du fond de l'anse, là-bas —, j'ai entendu un bruit singulier qui m'est d'abord apparu comme une sorte de martellement saccadé, comme si quelqu'un frappait un arbre à coups rythmés. En prêtant l'oreille, j'ai reconnu un oiseau. Sur le moment, j'ai pensé à un grèbe ou à une poule d'eau, oiseaux au langage si coloré, puis le chant s'est rapproché, devenant plus précis. Un Coulicou à bec noir, me suis-je dit. Il a chanté ainsi pendant des heures sans que je réussisse à le situer, puis soudain il est passé juste ici, devant moi, entre la grève et le *bathyscaphe*. J'ai remarqué le vol rapide, léger, rectiligne. J'ai remarqué la ligne parfaitement horizontale de son corps terminé par la longue queue, et aussi la couleur brune du dos, le blanc du ventre. L'oiseau est allé tout de suite se percher dans l'un des grands saules que tu vois vers l'est, pour se fondre dans les feuillages.

— Et tu ne l'as plus jamais revu ?

— Si. Deux ou trois ans plus tard, toujours au cours de l'été, il m'a été donné de faire une découverte. J'avais noté que les deux cerisiers sauvages, là, devant la baie vitrée, étaient infestés de chenilles à tente. J'allais justement, un matin, en débarrasser les arbres quand je me suis rendu compte que le travail avait été fait. Et bien fait. Un vrai travail de technicien. Deux heures plus tard, j'entends un bruit dans la fenêtre. J'accours et je trouve par terre un coulicou assommé. La dissection m'a révélé un estomac abondamment rempli de chenilles...

— Et tu dissèques en plus... ?

— Non, pas vraiment. J'ai compris, il y a longtemps, que ce n'est pas dans leur corps que je trouverai ce que je cherche. Contempler est meilleur pour moi.

— J'imagine que les couli... que les coulimachins craignent maintenant de se rompre le cou et qu'ils fuient ces parages...

— Tu me connais, Georges, comme un homme digne de foi. Loin de moi l'intention de te raconter, comme on dit, des histoires. Mais figure-toi qu'hier soir justement, vers huit heures, j'étais assis sur cette même chaise quand un bruit de rebondissement cribla la moustiquaire, là, derrière moi, à quelques centimètres de mon dos. En me retournant, j'ai aperçu le grillage perforé, puis un coulicou qui vola gauchement vers la branche du cèdre pour reprendre ses esprits et lisser ses plumes.

— Tu vis dangereusement !

— Je n'ai pas pu, sur le moment, m'empêcher d'imaginer la situation suivante : dans un lieu semblable, un homme, un soir d'été, raconte à ses enfants ou à des amis une histoire fantastique. Un choc soudain. Ses yeux s'écarquillent, sa bouche se fige, il tombe, le front sur la table, un oiseau planté dans son dos comme un poignard.

— Enfin !

— Enfin quoi ?

— Ah, tu commences à m'intéresser avec tes histoires d'oiseau. Ce que tu viens d'évoquer m'a rappelé tout à coup un fait réel, une aventure dont j'ai eu connaissance par ma famille — oh, il y a quelques décennies maintenant. Je pense que cette affaire t'intéressera...

— Un peu de limonade ?

— Volontiers. Cela se passe dans les années qui ont immédiatement suivi la Seconde Guerre mondiale. Il s'agit d'un jeune couple appartenant à ce que l'on appelait alors le beau monde parisien. Lui, d'origine autrichienne, d'une famille de l'aristocratie tyrolienne, très opposé au nazisme, réfugié en France, engagé dans la Légion, puis passé en Angleterre, etc. Brave, beau, charmant, spirituel, enfin tu vois. Elle, d'une famille très en vue, hôtel particulier à la Muette, superbe domaine en Normandie... élégante, vive, drôle, fréquentant volontiers les cercles littéraires. Le succès que son mari remporte auprès des femmes l'inquiète de plus en plus. Elle commence à se poser des questions.

— Des questions sur lui ?

— Et sur elle-même, oui. Sa jalousie lui inspire bientôt toutes sortes de ruses. Par l'entremise d'un écrivain versé dans la magie, elle connaît un personnage inquiétant...

— Un sorcier ?

— Une sorte de sorcier comme il s'en trouve encore. Celui-ci convainc la jeune femme d'envoûter son époux. L'idée l'amuse d'abord. Puis, après des lectures et des entrevues, elle se laisse prendre au jeu. Une effigie est donc faite selon les règles, effigie à laquelle elle inflige rituellement des piqûres chaque fois qu'elle se sent menacée dans son amour. Le mari note un changement progressif de sa personnalité, qu'il ne parvient pas à comprendre.

— De sa personnalité à lui ?

— Oui, à lui. Écoute bien la suite. Le couple, qui voyage beaucoup évidemment, se rend un jour à Venise. Séjour sportif et mondain au Lido. On rit beaucoup, on flirte. Au bout de quelques jours, le mari décide de sauter dans sa voiture de course pour aller embrasser sa mère qui se trouve à Salzbourg. Sa femme refuse de l'accompagner.

— Elle si jalouse ?

— Elle le regrettera par la suite. Ses soupçons s'éveillent. Le lendemain, un samedi, coup de téléphone de Salzbourg : le mari a retrouvé des amis d'enfance, il remet son retour à Venise au lundi matin. L'épouse proteste, elle s'irrite. Le mari ne s'inquiète pas de cette réaction. Il est déconcerté, mais il prend cet éclat à la légère. Néanmoins, dans la soirée, il change de plan et se propose de surprendre sa femme.

— Je vois.

— Non, tu ne peux pas voir. Écoute bien. Il quitte Salzbourg. Dans la nuit du samedi au dimanche, alors qu'il vient de passer le col du Brenner, sa voiture tombe dans un ravin. Il est tué sur le coup.

— Tu as raison, je ne voyais pas. Et alors ?

— L'enquête révèle qu'il ne s'agit pas d'un accident de conduite. En réalité, juste après son entrée dans le territoire italien, le mari a été frappé par... par quoi selon toi ?

— Un coucou !

— Bravo ! Mais je ne peux dire s'il s'agit d'un coucou. Un oiseau en tout cas. Mais oui, un oiseau qui, passant par-dessus le pare-brise, lui a planté son bec entre les yeux.

— Incroyable !

— Ce n'est pas fini. Transportons-nous maintenant à Paris où la jeune femme est revenue. En apprenant les résultats de l'enquête, elle se souvient que, probablement à ce moment même, elle avait lancé son aiguille entre les yeux de l'effigie pour punir son époux de ne plus penser à elle et sans doute, naïvement, pour l'obliger à lui revenir. Bien entendu, cette double découverte la fait sombrer dans la folie. Ah, j'oubliais d'ajouter un détail. Un détail qui a son prix. Le mari, comme bien des gens de son monde, possédait un blason qui ne comportait qu'un seul élément. Tu ne devines pas... ?

— Non.

— Un aigle. Un aigle posé en abîme.

Vers les sept heures, le vent subitement s'arrête et les nuages montent comme des tours derrière les montagnes. Pendant que les deux amis poursuivent leur conversation, recommence dans les arbres et dans la batture la grande symphonie naturelle.

CE QU'IL FAUDRA QUITTER

J amais je n'aurais cru voir un jour quelqu'un s'envoler comme cet homme l'a fait en ma présence.

Monsieur Allô, comme nous l'appelions tous depuis que les enfants l'avaient rebaptisé de son mot préféré, avait été fermier sur une terre ingrate, éleveur de visons et de volailles, taxidermiste et, pour finir, petit entrepreneur en excavation. À la mort de Jeanne, sa femme, qu'il adorait, il avait tout vendu à son fils aîné puis s'était retiré, bien qu'il ne fût pas tout à fait sur l'âge, dans un foyer de l'île où l'avaient précédé l'un de ses frères et d'autres amis d'enfance. En leur compagnie, sur sa chaise berçante, il refaisait, disait-il, sa vie en paroles.

Je l'avais connu, quelques années plus tôt, au cours d'une excursion de pêche sur un lac du Nord. On nous avait assigné la même embarcation. Nous avons tout de suite sympathisé, nous retrouvant l'un et l'autre fascinés tout autant par ce qui se passait sur les rives, par ce qui volait, chantait, criait, que par ce qui bougeottait au bout de nos lignes. Les oiseaux, faut-il le dire, n'avaient pour lui aucun secret.

De temps à autre, le foyer se trouvant sur ma route quand je roulais vers la batture, j'allais lui rendre visite pour m'enrichir de ses commentaires et de ses observations, expériences de toute une vie au grand air, qu'il me livrait avec une abondance de détails, souvent pertinents, toujours savoureux.

Mais ce jour-là, je l'ai trouvé dans un état de profond abattement. Il sortait de l'hôpital où il avait subi une intervention de dernier recours. Prostré, très amaigri, il était assis dans le solarium et regardait droit devant lui, silencieux. Je lui ai posé comme d'habitude quelques questions, j'ai essayé, bien gauchement j'imagine, de le rassurer, mais la seule phrase qu'il a finalement prononcée, cet après-midi-là, fut : « Dire qu'il va falloir quitter tout ça ! »

Il y eut à ce moment-là dans ses yeux un élargissement, un envol, que je n'oublierai jamais. J'ai vu son regard éclore et se déployer. Il a suivi le champ qui devant nous s'étendait jusqu'au fleuve. Il a vogué un moment, il est monté jusqu'aux Laurentides, il a suivi la courbe des sommets vers l'est, jusqu'au cap Tourmente, il est redescendu vers le fleuve très élargi en ce lieu où commence l'estuaire, il a filé vers l'archipel de Montmagny, il est revenu en amont aborder la grève du bout de l'île, il a gravi la falaise, circulé un moment dans la fraîcheur de la grande érablière, traversé le verger planté par son père, en s'attardant à chaque arbre, à l'écorce, au dessin des branches, à la couleur des fruits. Puis il s'est arrêté devant la grande maison blanche. Le regard a erré sur chaque fenêtre, sur les quatre pentes du toit, puis il est entré par la cuisine d'été, il a visité les chambres, le petit salon aux murs chargés de photos encadrées. Il est sorti, il a glissé sur l'allée qui mène aux bâtiments de bois nu. A caressé le museau des bêtes, a vérifié chaque nid d'hirondelles, évalué les nouvelles portées de chats, suivi le vol des pigeons jusqu'à l'orée du bois. J'ai vu dans ce regard humain :

la montée des nuages derrière les montagnes ;

la naissance des petits fruits ;

la terre sous les genoux pendant qu'on désherbe le potager ;

le passage claironnant des grands migrateurs ;

le plaisir d'être maître de son domaine ;

le ruisseau qui chante sous les aulnes ;

le parfum poivré des arbres au printemps ;

l'éclair de la truite dans le torrent ;

les premières images qui naissent dans l'esprit au moment qui précède l'éveil ;

la paye que l'on touche après un travail bien fait ;

la salive de la personne qu'on aime ;

le goût luisant de la viande grillée ;

le vol dépouillé des chauves-souris ;

le contact de la joue, les soirs d'hiver, avec l'oreiller de flanelle ;

le jeune enfant qui cherche à saisir un filet d'eau ;

le bruit que font les vêtements féminins enlevés à la hâte ;

le jus de la fraise qui entoure la langue ;

le ballet des lucioles dans la batture ;

la bouche du nageur qui trouve l'air entre les vagues ;

le filet de soleil dans la fenêtre de la chambre ;

ces après-midi qui répandent sur la neige une teinte pareille à la couleur de la peau que l'on devine parfois sous les chemises blanches ;

les traîneaux qui filent vers l'horizon ;

et la voiture qui mène vers la ville des gens qui vont tenir d'autres gens dans leurs bras.

Dire qu'il faudra quitter tout cela, me dis-je, moi aussi : ces splendeurs entrevues, ces moments radieux, ce qui nous saisit et nous augmente, ce qui fait que la vie parfois est d'une rondeur qui comble :

les yeux des bêtes ;

les murmures, les rires étouffés dans la chambre voisine ;

les villes qu'on aperçoit soudain à l'horizon ;

les mots qu'on invente pour la tendresse ;

une promenade dans un dictionnaire ;

la découverte d'une œuvre qui vous extirpe, vous enveloppe, vous unifie ;

la femme qui vous regarde franchement dans les yeux ;

la main d'un ami sur votre épaule pendant qu'il dit : « excuse-moi » ;

la vieille dame qui passe le doigt sous son œil pendant qu'au loin un jeune garçon enfourche sa bicyclette en sifflant ;

la lettre d'un ami un jour de pluie ;

le chant d'aurore de l'Hirondelle bicolore ;

ce qu'on entend dans les couloirs des immeubles d'habitation ;

la branche qui bouge et qui vous découvre toute la ville ;

toutes les écritures qui embrasent et apaisent ;

le colibri qui vient se poser sur votre épaule ;

le genou fulgurant de la fille au volant de sa voiture ;

le moment exact où un être commence à respirer ;

la manière dont votre mère vous sert une tasse de thé ;

les petites fauvettes au chant de citron et de branches épineuses ;

le tremblement permanent de l'aiguille du sismographe ;

le tapis des jeunes pousses d'érables dans le sousbois ;

le moment où la truite happe la mouche au bout de la ligne ;

le lac où le Huart module son cri avec l'écho ;
la première ancolie de la saison ;
le vin au goût de gloire et de sorcellerie ;
le petit mot laissé sur le coin de la table ;
l'observation de la Voie lactée quand les nuits d'août
sont transparentes ;
l'enfant de quatre ans qui dit à sa mère : « Tu as les
seins comme des miroirs de Cayenne. »

Dire qu'il faudra quitter tout cela :
les lointains qui remuent et qui cachent d'autres
lointains ;
les nuages en été, les couchants d'automne ;
les voiles blanches sur l'horizon fiévreux ;
les îles au milieu du fleuve ;
les feux qui brillent sur l'autre rive ;
les lumières qui clignotent au flanc de la falaise ;
le tison Cardinal qui passe à la fenêtre ;
les bois de rivière, les bois lisses et blanchis que les
marées abandonnent sur la grève ;
les pluies lentes et silencieuses de l'été ;
ces films où la caméra rase le fond des mers, circule
dans le balancement des algues, éclaire les poudreries de
plancton, réveille les anémones, excite le ballet des médu-
ses et la fuite en étoile des bouquets de poissons ;
les gens qui lisent aux terrasses des cafés ; les gens qui
écrivent, recueillis, au fond des salons de thé ;

les trottoirs du boulevard deux minutes après l'orage ;

la cravate qu'une femme ajuste au cou de son compagnon, une tache qu'on essuie près de la bouche, une main qui se pose sur le genou du conducteur ;

l'instant précis où le train s'ébranle, où l'avion, s'arrachant de la piste, s'incline vers le haut ;

les paysages qu'on découvre brusquement au sortir d'une longue forêt ; ceux qui se déploient, immenses et vaporeux, quand on s'approche de la rampe du belvédère ou quand on atteint enfin le haut de la côte ;

les chemins de lisière, bruissants d'insectes et de chants, qui circulent, sinueux, entre les bois et les prés, qui à chaque pas vous donnent à voir du nouveau, qui vous font passer de la pleine solitude à l'apparition soudaine d'une habitation entourée d'arbres.

Dire qu'il faudra quitter tout cela :

la toute première note du merle au mois d'avril ;

le dernier trille du chardonneret en septembre ;

tous les chants frais et huileux qui vous hissent, vous débondent et vous donnent des ailes.

Bibliographie

Bent, A., *Life Histories of North American Birds*, (21 vol.) Washington, U.S. National Museum, 1918-1968.

Cayouette, R., ill. par J.-L. Grondin, *Les Oiseaux du Québec*, Québec, Société zoologique de Québec, 1977.

Delamain, J., *Pourquoi les oiseaux chantent*, Paris, Stock, 1964.

Greenwalt, C.H., *Hummingbirds*, New York, Doubleday, 1960.

Harrison, H.H., *A Field Guide to Birds' Nests*, Boston, Houghton Mifflin, 1975.

Livingston, J.A., ill. par J.F. Landsdowne, *Birds of Eastern Forest*, Toronto, McClelland and Stewart, 1977.

Ibid, Birds of Northern Forest, 1966.

Marie-Victorin, Frère, *Flore laurentienne*, Montréal, Presses de l'Université de Montréal, 1964.

Mélançon, C., *Charmants voisins*, Montréal, Granger, 1940.

Peterson, J.T., *Les Oiseaux*, Time-Life, coll. Le Monde vivant, 1965.

Rollant, E., *Faune populaire de France*, Paris, Maisonneuve et Larose, 1967.

Sparks, J. et T. Soper, *Owls*, New York, Taplinger, 1970.

Thoreau, H.D., *Journal 1837-1861*, traduit par Michaud et David, Paris, Boivin-Hatier, 1930.

Table des illustrations

Ce lieu, riverain du Saint-Laurent 18

Le Gros-bec à poitrine rose 22

Grandes Oies des neiges pâturant
dans la batture, au printemps. 24

Le Grand Héron à la pêche 26

Le Grand Héron 42 et 49

Physocarpus opulifolius, que nous appelons :
bois à sept écorces. Les fleurs blanches
de juin deviennent fruits roses en juillet. 56

Le petit refuge près des bouleaux 62

La disparition des feuilles en automne découvre
subitement des nids qui, l'été, étaient invisibles. 67

Le Moqueur chat 72

Le Moineau domestique 86

Le Mainate bronzé, appelé maintenant :
Quiscale bronzé. 92

Le Merle d'Amérique connu également
    sous le nom de Rouge-gorge.   95

Le Bruant chanteur sur la branche d'un frêne.   102

Le Goglu mâle   116

Mouvements caractéristiques des colibris   130 et 137

Un colibri s'approchant d'une ancolie.   148

Cichorium intibus vulgairement appelée chicorée   157

Chardonneret jaune sur un chardon   162 et 164

Le Pic flamboyant   166

Le Râle de Virginie tel que l'a aperçu
    l'illustrateur, un jour, au bord de la batture.
    C'est l'oiseau-fantôme qu'on ne voit
    jamais... ou presque !   186

Sentier sous les saules à proximité de la batture   191

Un couple de Canards noirs   201

Le Busard Saint-Martin   212

Oies des neiges à leur festin de scirpe   224

Oies des neiges survolant la batture
    en direction de l'ouest   229

Un troglodyte   245

Tête de Harfang des neiges 248

Les serres du Harfang dans leurs pantoufles de plumes 256

Profil du Harfang 259

Un « club » de Marmettes communes 266

Tête de Macareux moine 275

Le Bruant indigo 282

Pistes d'oies sauvages dans le sable 298

Le Coulicou à bec noir 309

Le passage claironnant des grands migrateurs au-dessus
de la batture envahie par la marée d'équinoxe... 318

Index des oiseaux

A

Aigle à tête blanche, 212, 234
Aigle doré, 38
Aix sponsa, 197
Alouette cornue, 93
Ani à bec lisse, 141

B

Bécassine, 23, 45, 190
Bernache, 236
Bruant à gorge blanche, 22, 104
Bruant chanteur, 105, 106, 164, 287
Bruant des prés, 158
Bruant indigo, 280
Bruant vespéral, 163
Busard Saint-Martin, 23, 183, 210

C

Calculot, 270
Canard branchu, 197
Canard noir, 197, 206
Canard huppé, 238
Cardinal, 80, 324
Carib à la gorge pourprée, 140, 142
Carouge à épaulettes, 23, 160
Chardonneret jaune, 163, 186, 287
Chipeau, 197
Chouette cendrée, 250
Chouette des terriers, 300
Chouette épervière, 250
Chouette rayée, 250
Cincle d'Amérique, 235
Colibri à gorge rubis, 23, 134

Colibri à la huppe verte, 142
Colibri porte-épée, 138
Colibri-bourdon, 138
Colvert, 197
Corneille, 104
Corneille d'Alaska, 238
Coucou gris, 307
Coulicou à bec noir, 309
Cygne de Bewick, 228

E

Engoulevent d'Amérique, 98

F

Falle-rouge, 140

G

Garrot, 197
Geai bleu, 104
Gode, 269
Goéland argenté, 211
Goglu, 118, 155
Grand chevalier, 182
Grand duc, 250
Grand Héron, 27, 47
Grand Pic, 169
Grèbe de l'Ouest, 234
Grive à joues grises, 127
Grive des bois, 112
Grive fauve, 23, 68, 184
Gros-bec à poitrine rose, 22, 45, 67

H

Harfang des neiges, 250
Hibou des marais, 250
Hirondelle bicolore, 21, 177, 323
Hirondelle des sables, 127, 301
Huart, 45, 324
Huart à gorge rousse, 272

K

Kildir, 21, 187

M

Macareux moine, 270
Malard, 197, 238
Manerba superba, 110
Marmette commune, 267
Martin-pêcheur, 23
Merle, 95, 287
Merle bleu à poitrine rouge, 177
Mésange à dos marron, 238
Moineau, 90
Moqueur chat, 23, 64, 111
Moqueur polyglotte, 75, 76
Moqueur roux, 75
Morillon, 197
Moucherolle huppé, 22, 177, 190

O

Oie des neiges, 225
Oiseau-lyre, 110

P

Paruline couronnée, 23, 67
Paruline flamboyante, 22, 184
Paruline masquée, 22
Paruline triste, 183
Patagona gigas, 138
Perroquet de mer, 270

Petit Frédéric, 104
Petit pingouin, 269
Petit rubis, 144
Pic à dos noir, 169
Pic à dos rayé, 169
Pic à tête rouge, 169
Pic chevelu, 22, 169, 189
Pic de l'Ouest, 83
Pic flamboyant, 22, 169, 183
Pic maculé, 169
Pic mineur, 169, 189
Pilet, 197
Pioui, 21, 67, 183, 190
Pioui de l'Est, 109
Pivart, 168
Pluvier à collier, 265
Pluvier kildir, 92

R

Râle jaune, 23
Rey de los Gorriones, 149
Roselin familier, 237

S

Siffleur, 197
Souchet, 206
Sterne commune, 265
Sturnelle de l'Ouest, 161
Sturnelle des prés, 160

T

Tétras sombre, 241
Tohi aux yeux rouges, 238
Troglodyte des forêts, 243
Tyran Tritri, 127

V

Viréo aux yeux rouges, 67, 97

Table des matières

Préface   11

Chez les oiseaux   17

Portrait de l'auteur en héron   25

L'homme qui regarde la mer   29

De l'utilité des philosophes   41

Un petit bois   55

Des moqueurs parfois vient une ivresse   71

Québec   85

Face à l'univers   101

Un ménestrel explosif   115

Carnet de l'homme-forêt   129

Où es-tu? Suis-tu?   153

Le menuisier à la voix de tonnerre   165

Carnet d'un écouteur   179

Gouverneur des canards   193

Le tueur et l'enfant   207

Ravi, éveillé   223

Toi qui pâlis au nom du Tétras   231

Le sphinx aux yeux jaunes   247

Tendrement grognent les clowns   261

L'astronome, le chanteur et le joyau   277

Les bienfaits s'écrivent sur le sable   291

Au front   303

Ce qu'il faudra quitter   317

Bibliographie   327

Table des illustrations   329

Index des oiseaux   332

Typographie et mise en pages:
Zéro faute

Ce troisième tirage
a été achevé d'imprimer en novembre 1992
sur les presses de l'Imprimerie Gagné
à Louiseville, Québec